Ken Hom   Quick Wok

Ken Hom   Quick Wok

Die schnellsten Wok-Rezepte

Fotografie Jeremy Hopley

Im FALKEN Verlag sind zahlreiche Titel zum Thema „Wok" erschienen.
Sie erhalten sie überall dort, wo es Bücher gibt.

Sie finden uns im Internet: **www.falken.de**

Dieses Buch wurde auf chlorfrei gebleichtem und säurefreiem Papier gedruckt.

Der Text dieses Buches entspricht den Regeln der neuen deutschen Rechtschreibung.

ISBN 3 8068 7682 7

Erstveröffentlichung 2001 unter dem Titel „Ken Hom's Quick Wok" durch HEADLINE BOOK PUBLISHING, London

Copyright © 2001 Promo Group Limited

Alle Rechte der deutschsprachigen Ausgabe:
© 2001 by FALKEN Verlag in der Verlagsgruppe FALKEN/Mosaik, einem Unternehmen der Verlagsgruppe Random House GmbH, 65527 Niedernhausen/Ts. Die Verwertung der Texte und Bilder, auch auszugsweise, ist ohne Zustimmung des Verlags urheberrechtswidrig und strafbar. Dies gilt auch für Vervielfältigungen, Übersetzungen, Mikroverfilmung und für die Verarbeitung mit elektronischen Systemen.

Fotos: © 2001 Jeremy Hopley
Gestaltung: Fiona Knowles, Pike Design
Mitarbeit im Küchenteam und Food-Styling: Meg Jansz
Styling: Wei Tang
Übersetzung: Walter Spiegl, Pfaffing
Lektorat, Satz, Produktionsbetreuung: Buch-Werkstatt GmbH, Bad Aibling
Redaktion: Andrea Scheiber, FALKEN Verlag
Herstellung: Ortrud Müller, FALKEN Verlag
Umschlaggestaltung: Peter Pinzer, FALKEN Verlag
Druck und Bindung: Pollina, Frankreich

817 2635 4453 6271

> **Hinweis**
> Für bestimmte Rezepte in diesem Buch kann man die Zutaten in Ruhe vorbereiten. Hinweise dazu sind mit dem Symbol Ⓥ gekennzeichnet.

inhalt

einführung **7** maßangaben **8** kochutensilien **8** zutaten **10** arbeitstechniken **20** grundrezepte **23** vorspeisen **27** suppen **41** fisch und schalentiere **55** geflügel **75** fleisch **91** gemüse **107** nudeln und reis **131** nachspeisen **147** zusammenstellen eines menüs **155** register **158**

Widmung

Für meinen Onkel Paul Lee, der mich nicht nur das Kochen lehrte, sondern auch das Arbeiten.

Dank

Damit ein Buch entsteht, müssen viele Menschen zusammenwirken. Mein Beitrag dazu war vielleicht der leichteste; ich brauchte es nur zu schreiben. Aber ohne die Inspiration und Unterstützung durch Heather Holden-Brown und die Erprobung jedes Rezepts durch Gordon Wing wäre ich wohl nicht weit gekommen. Unter dem erfahrenen Blick meiner Lektorin Celia Levett wurden die Rezepte übersichtlicher und klarer. Der Verlag und die Buchgestalter haben zusammen mit dem Fotografen Jeremy Hopley und seinem Team ein schönes, modernes und nützliches Buch geschaffen. Mein Dank dafür gilt Fiona Knowles, Liz Allen, Lorraine Jerram, Kate Truman, Meg Jansz und Wei Tang.

einführung

Mit dem Wok ist eine rasche Zubereitung von Speisen automatisch verbunden. Hohe Temperaturen und einfache Handhabung machen den Wok zum idealen Küchengerät für einen modernen Lebensstil. Denn Zeit ist kostbar, und aufwändige Mahlzeiten werden immer seltener oder beschränken sich auf lange Wochenenden.

Aber Gesundheit und Wohlbefinden setzen gesunde Ernährung voraus. Kein Fertiggericht kann eine selbstgekochte Mahlzeit ersetzen, noch kann sie mit dem Duft von kurz gebratenem frischen Gemüse mit Knoblauch oder Ingwer konkurrieren. Am Ende eines Arbeitstages muss man sich entscheiden zwischen Lebensqualität und halben Sachen.

Schnell kochen heißt nicht minderwertig kochen. Es ist eine Frage der Organisation, der richtigen Rezepte und der Erfahrung. Und darum geht es in diesem Buch: den Wok sinnvoll und mit Leichtigkeit einzusetzen.

Sobald Sie Ihre Vorbereitungen getroffen haben, dauert die Zubereitung meistens nur wenige Minuten. Manche Rezepte erfordern ein Marinieren, um den Zutaten die für ein köstliches Mahl notwendigen Aromen zu verleihen.

Dies alles resultiert in einer gesunden, wohlschmeckenden Mahlzeit ohne faule Kompromisse. Beim Tempo meines Lebensstils ist der Wok die geeignete Lösung für die Anforderungen unserer schnelllebigen Zeit. Nutzen Sie diese Rezepte im Interesse Ihrer Gesundheit.

MASSANGABEN

Ein Teelöffel (TL) entspricht 5 ml, ein Esslöffel (EL) 15 ml. Bei diesen Maßangaben ist immer der gestrichene Löffel gemeint. Eier sind von mittlerer Größe (M).

KOCHUTENSILIEN

WOK

Der Wok ist das vielseitigste Küchengerät, das je erfunden wurde. Man kann darin braten, dünsten, dämpfen, schmoren und frittieren. Die hochwandige Form mit mehr oder weniger stark gewölbtem Boden erlaubt Energie sparendes, rasches und gleichmäßiges Erhitzen und Garen.

Bei unter Rühren gebratenen Gerichten verhindern die hohen, steil abfallenden Gefäßwände, dass Öl herausspritzt oder das Kochgut herausfällt. Beim Schmoren wird sehr viel weniger Öl benötigt, weil der gewölbte Boden die Hitze besser verteilt und das Kochgut sich unten sammelt.

Es gibt zwei grundsätzliche Wok-Typen: die traditionelle kantonesische Form mit zwei kleinen halbrunden Griffen und den „pau" oder Peking-Wok, der einen 30 bis 35 cm langen Stiel hat. Sie müssen sich darüber im Klaren sein, dass Sie den Wok mit gewölbtem Boden nur auf einer Gasflamme verwenden können. Inzwischen gibt es auch Woks mit flachem Boden für Elektroherde. Zwar läuft der flache Boden dem traditionellen Prinzip zuwider, das auf die Konzentration der Hitze in der Mitte ausgelegt ist, doch unterscheidet sich der Wok mit ebenem Boden dank seiner hohen Wände vorteilhaft von normalen Pfannen.

Alle Rezepte in diesem Buch sind für den Wok bestimmt. Sollten Sie keinen besitzen, können Sie für unter Rühren gebratene Gerichte eine große Pfanne mit möglichst hohen Wänden verwenden, zum Dünsten, Dämpfen und Schmoren eine große Kasserolle.

Die Auswahl des Woks

Entscheiden Sie sich für einen großen Wok von 30 bis 35 cm Durchmesser und mit hohen Seitenwänden. Es ist vorteilhafter und auch sicherer, eine geringe Menge Zutaten in einem großen Wok zu garen als eine große Menge in einem zu kleinen.

Bedenken Sie, dass manche „modernisierten" Woks zu niedrig oder zu flach sind und deshalb nicht besser sind als eine normale Bratpfanne. Ein schwerer Wok, möglichst aus Karbonstahl, ist den leichteren Ausführungen aus Edelstahl oder Aluminium überlegen, die große Hitze nicht gut vertragen und in denen das Kochgut leicht anbrennt. Es gibt inzwischen auch Woks aus Karbonstahl mit Antihaftbeschichtung. Allerdings muss man mit diesen Woks behutsam umgehen, man darf die Beschichtung nicht zerkratzen. Beschichtete Woks sind besonders vorteilhaft bei der Zubereitung von sehr säurehaltigen Zutaten wie Zitronen. Unbeschichtete Werkstoffe, seien es Edelstahl oder Karbonstahl, können auf bestimmte Zutaten reagieren und sie grau färben. Das ist zwar nicht gesundheitsschädlich, aber es sieht nicht appetitlich aus.

Die Vorbereitung des Woks

Alle Woks außer den beschichteten müssen vor dem ersten Gebrauch eingebrannt werden. Viele bedürfen zuerst einer gründlichen Reinigung, um den schützenden Ölfilm zu entfernen, mit dem der Hersteller das Material überzogen hat. Das ist aber auch das einzige Mal, dass Sie Ihren Wok mit der Bürste bearbeiten – es sei denn, Sie haben ihn rosten lassen.

Schrubben Sie ihn mit heißem Wasser und Geschirrspülmittel, um den Ölfilm so gut wie möglich zu entfernen. Trocknen Sie den Wok ab und stellen Sie ihn auf die kleine Flamme. Geben Sie 2 Teelöffel Speiseöl hinein und verreiben Sie es mit Küchenpapier, bis die ganze Fläche des Woks dünn mit Öl dünn überzogen ist. Erhitzen Sie den Wok sachte etwa 10 bis 15 Minuten und wischen Sie ihn dann mit Küchenpapier gründlich aus. Wundern Sie sich nicht, wenn das Papier dabei schwarz wird. Wiederholen Sie den Vorgang des Einölens, Erhitzens und Auswischens, bis das Papier sauber bleibt. Nach mehrmaligem Gebrauch färbt sich die Innenseite Ihres Woks dunkel, und das soll so sein.

Die Reinigung des Woks

Nachdem Sie Ihren Wok eingebrannt haben, sollte er nie wieder mit Spülmittel behandelt werden. Reines heißes Wasser genügt. Lassen Sie den Wok nach jeder Benützung gut trocknen, am besten indem Sie den Wok auf kleinster Flamme eine bis zwei Minuten erhitzen. Sollte er dennoch etwas Rost ansetzen, muss er mit Spülmittel gebürstet und neu eingebrannt werden.

ZUBEHÖR

Wokring

Das ist ein Metallreifen, auf dem ein traditioneller Wok mit gewölbtem Boden sicher über der Gasflamme steht. Besonders wichtig ist er, wenn Sie den Wok zum Dämpfen, Frittieren und Schmoren benützen.

Diese Wokringe gibt es in zwei Formen, als massiven Metallring mit etwa sechs Löchern für die Luftzufuhr und als ringförmiges Gebilde aus dünnem Draht. Benützen Sie möglichst nur letztere Bauart; die massivere lässt nicht genug Luft an die Flamme, wodurch sie erlöschen kann.

Deckel

Ein leicht gewölbter Deckel, meist aus Aluminium, ist für das Dämpfen nötig. Meist wird er mit dem Wok geliefert, er lässt sich aber auch separat kaufen. Als Ersatz ist jeder Deckel geeignet, der gut passt.

Bratenheber und Holzspatel

Eine metallene Bratenheber (Pfannenwender) mit langem Griff und durchbrochenem Blatt ist das geeignete Gerät, das Kochgut im Wok zu wenden. Ein großer Löffel mit langem Griff tut's zur Not auch. Verwenden Sie bei antihaftbeschichten Woks aber keinesfalls Metallgeräte, sonder nur Holzlöffel oder Holzspatel.

Dämpfkorb

Wenn Sie den Wok zum Dämpfen benutzen, brauchen Sie einen grobmaschigen hölzernen oder metallenen Korb, damit das Gemüse nicht im Wasser liegt. Meist gehört dieser Korb zum Lieferumfang; wenn nicht, fragen Sie in einem gut sortierten Fachgeschäft oder in der Haushaltswarenabteilung eines Kaufhauses. Im Grund erfüllt jedes Sieb zum Einhängen diesen Zweck, wenn die Zutaten über der Wasseroberfläche bleiben, damit sie im Dampf garen, aber nicht gekocht werden.

FRITTEUSE

Eine Fritteuse ist in bestimmten Fällen praktischer und auch in der Handhabung sicherer als ein Wok. Die in den Rezepten angegebenen Mengen Öl beziehen sich auf das Frittieren in einem Wok. Wenn Sie statt seiner eine Fritteuse verwenden, müssen Sie die doppelte Menge Öl nehmen; füllen Sie das Gefäß aber maximal bis zur Hälfte.

HACKBEIL

Das Hackbeil ist ein vielseitig verwendbares Schneidewerkzeug. Sobald Sie damit umgehen können, werden Sie es dazu benutzen, alle Arten von Zutaten in Scheiben zu schneiden, zu würfeln, hacken, filetieren, zerquetschen und was auch immer. Die meisten asiatischen Köche verwenden je nach Anforderung drei Größen: leicht, mittel und schwer. Sie können natürlich auch Ihre Küchenmesser nehmen, aber wenn Sie sich zum Kauf eines Hackmessers entschließen, wählen Sie ein gutes Produkt aus Edelstahl und achten Sie darauf, dass es immer scharf ist.

SCHNEIDEBRETT

Eine wirklich sinnvolle Ergänzung der traditionellen chinesischen Kochutensilien ist das Schneidebrett aus Hartholz oder weißem Kunststoff. Beide lassen sich leicht reinigen und verhindern die Bildung von Bakterien.

In der chinesischen Küche wird viel gehackt, geschnitten und gewürfelt, und dazu braucht man ein großes, massives Schneidebrett. Aus hygienischen Gründen sollten Sie niemals gekochtes oder gebratenes Fleisch auf ein Brett geben, auf dem rohes Fleisch oder Geflügel zubereitet wurde. Dafür verwenden Sie ein eigenes Brett, das Sie nach Gebrauch gründlich mit sehr heißem Wasser und Bürste reinigen.

ZUTATEN

BAMBUSSPROSSEN

Es gibt zwei Arten von Bambussprossen: Wintersprossen und Frühlingssprossen. Erstere sind kleiner und zarter als letztere. Frische Bambussprossen sind süß und knackig und haben einen unverwechselbaren Geschmack. Weil sie zu empfindlich sind, werden sie nicht frisch exportiert, und ich habe sie nur selten auf westlichen Märkten gesehen. Wir müssen uns deshalb mit Konserven begnügen, die zumindest preiswert sind. Bambussprossen aus der Dose sind zumeist gelb, haben eine feste Struktur und schmecken manchmal süßlich. Sie sind geschält und entweder ganz oder in dicke Scheiben geschnitten. Nehmen Sie lieber ganze Sprossen, denn die haben mehr Geschmack. Sprossen in Salzlake, die auf manchen Chinamärkten offen angeboten werden, schmecken herzhafter als die aus der Dose.

Viele der aus China importierten Sprossen sind sehr schmackhaft, vor allem die Wintersprossen. Ich empfehle die Marke Ma Ling. Die aus Taiwan stammenden sind nach meinen Erfahrungen meist ziemlich fade.

Spülen Sie Sprossen aus der Dose gründlich und blanchieren Sie sie vor Gebrauch zwei Minuten in kochendem Wasser. Was Sie nicht brauchen, geben Sie in eine Schüssel; gießen Sie Wasser darüber und stellen Sie sie in den Kühlschrank. Wenn Sie das Wasser täglich erneuern, halten sie zwei bis drei Tage.

BASILIKUM

In China kocht man vorwiegend mit Koriandergrün; Basilikum verwendet man wohl nur in Vietnam und Thailand. Auf meinen häufigen Aufenthalten in Thailand habe ich Geschmack an Basilikum gefunden. Es verleiht den Gerichten eine erfrischende und pikant anisartige, dennoch angenehme Würze.

BITTERMELONE

Die Bittermelone hat eine wellige, dunkel- bis hellgrüne Schale und schmeckt leicht chininartig bitter, was man im Mund als kühlend empfindet. Früher hat man der Frucht medizinische Eigenschaften zugeschrieben, denn was bitter schmeckt, muss heilende Kräfte besitzen. In manchen Teilen Chinas glaubt man, dass sie das Blut reinigt und das Verdauungssystem kühlt. Man trocknet sie und verwendet sie als Arznei. Je grüner die Schale, desto bitterer der Geschmack. Gute Köche wissen das und greifen zu den milderen gelbgrünen Früchten.

Genießbar ist nur das Fruchtfleisch, das als dünner Ring übrig bleibt, nachdem man die Samen und das sie umgebende faserige Gewebe entfernt hat. Es wird gebraten, gedämpft, kurz geschmort oder in Suppen verwendet. Ein beliebtes Verfahren, den bitteren Geschmack zu unterdrücken, ist, die Frucht mit gewürztem Schweinefleisch zu füllen und zu dämpfen.

Häufig kombiniert man das Fruchtfleisch mit Zutaten, die einen kräftigen Eigengeschmack haben, wie schwarze Bohnen, Knoblauch und Chilischoten, die die Bitterstoffe der Melone teilweise neutralisieren. Legen Sie die Frucht in einem Plastikbeutel oder einer Papiertüte unten in den Kühlschrank. Je nach Reifegrad bleibt sie drei bis fünf Tage frisch. Um den bitteren Geschmack zu mildern, können Sie das Fruchtfleisch blanchieren oder salzen.

SCHWARZE BOHNEN

Die kleinen schwarzen Sojabohnen werden zum Konservieren mit Salz und Gewürzen fermentiert. Sie schmecken salzig, duften angenehm und dienen als Würzmittel, meist in Verbindung mit Knoblauch und frischem Ingwer.

Schwarze Bohnen sind preiswert und werden in Dosen verkauft, die gewöhnlich mit „Schwarze Bohnen in Salzlake" („Black beans in salted sauce") gekennzeichnet sind. Gelegentlich findet man sie auch in Plastikbeuteln eingeschweißt. Vor der Verwendung können Sie sie waschen, es ist jedoch nicht unbedingt nötig. Ich ziehe es vor, sie grob zu hacken, damit das Aroma besser zur Geltung kommt. Nicht benötigte Bohnen geben Sie mit der Flüssigkeit in ein fest verschließbares Gefäß, in dem Sie sie im Kühlschrank sehr lange aufbewahren können.

BOHNENSPROSSEN

Das sind die Sprossen der grünen Mung-Bohne. Sie sind knackig in der Konsistenz und haben einen schwachen Eigengeschmack. Frische Bohnensprossen bekommt man in vielen Geschäften. Verwenden Sie nur die frischen, niemals die wässrigen aus der Dose. In Küchenpapier und Plastikbeutel verpackt bleiben sie im Gemüsefach mehrere Tage frisch.

Als Ersatz kann man die größeren Sprossen der gelben Sojabohne verwenden, aber lassen Sie die Hände von den Sprossen von Alfalfa, Weizen und Roggen, denn die taugen nichts.

CAYENNEPFEFFER

Cayennepfeffer ist nichts anderes als getrocknete und gemahlene rote Chilischoten, manchmal enthält er auch einige andere Gewürze. Er ist scharf bis sehr scharf und aromatisch. Cayennepfeffer ist zu einem verbreiteten Gewürz geworden und in jedem Gewürzregal vorhanden. Bei Cayenne müssen Sie ausprobieren, welcher Schärfegrad Ihnen liegt. Die Faustregel für Anfänger lautet: Mit Vorsicht zu genießen!

CHILISCHOTEN

Es gibt Hunderte Arten Chilischoten, aber es werden nur wenige Sorten im Handel angeboten. Der Grad der Schärfe hängt von den Samen ab, wie sie kultiviert werden, von der Sorte und einer Reihe weiterer Faktoren. Sie müssen ein bisschen experimentieren, um die Sorte mit der Ihnen genehmen Schärfe zu finden. Chilischoten oder Peperoni sind die Samenschoten (eigentlich Beeren) eines Strauchs der Art *Capsicum*. Man bekommt sie frisch, getrocknet oder als Pulver. Entfernt man die Samen, die besonders viel Capsaicin enthalten, kann man die Schärfe deutlich verringern, ohne dass der Geschmack darunter leidet.

Frische Chilischoten

Die Früchte sollten glänzen und keine braunen oder schwarzen Flecken aufweisen. Rote Chilischoten sind in der Regel milder als grüne (weil sie beim Reifen süßer werden); auch sind die großen Früchte weniger scharf als die kleinen. Die kleinen roten oder grünen Thailand-Chilis zum Beispiel sind besonders scharf.

Waschen Sie die Hände, das Messer und das Schneidebrett, bevor Sie andere Zutaten zubereiten, und reiben Sie sich auf keinen Fall die Augen, bevor Sie die Hände mit Wasser und Seife gewaschen haben! Zur Vorbereitung wäscht man die Früchte in kaltem Wasser. Dann schneidet man sie der Länge nach auf. In den meisten Fällen werden die Samen entfernt und weggeworfen. Spülen Sie die Schoten unter fließendem Wasser aus und vervollständigen Sie die Vorbereitung nach Rezept.

Chili-Bohnen-Sauce (siehe Saucen und Pasten, Seite 17)

Chiliöl
Wie die Chilischote ist auch Chiliöl mehr oder weniger scharf und würzig. Thailändische und malaysische Sorten sind besonders „heiß", die taiwanesischen und chinesischen Produkte hingegen moderater. In Asiengeschäften, Kaufhäusern und großen Supermärkten finden Sie ein reichhaltiges, gutes Angebot. Trotzdem habe ich ein Rezept in diese Sammlung aufgenommen, weil selbst zubereitetes Chiliöl immer noch das beste ist.

Zum Braten ist Chiliöl viel zu scharf und intensiv. Am besten verwenden Sie es in einer kalten Sauce, als Würze oder in Verbindung mit anderem, milderem Öl.

Ich verwende auch Pfeffer und schwarze Bohnen in meinem Rezept, weil ich mein Chiliöl auch als kalte Dipsauce serviere. Das fertige Öl geben Sie in ein gut verschließbares Glasgefäß und stellen es an einen dunklen, kühlen Ort. Dann hält es Monate.

Chiliöl (Chili-Dip)
2 EL getrocknete rote Chilischoten, gehackt
1 EL ganze Szechuan-Pfefferkörner, nicht geröstet
2 EL ganze schwarze Bohnen
150 ml Erdnussöl

Wok bei starker Hitze heiß werden lassen. Das Öl und die übrigen Zutaten hineingeben, Hitze reduzieren und bei schwacher Hitze etwa 10 Minuten köcheln lassen. Beiseite stellen und abkühlen lassen, dann umfüllen. 2 Tage stehen lassen, dann durch ein Sieb gießen. Unbegrenzt haltbar.

CURRYPULVER (MADRAS-CURRY)
Obwohl das in Europa üblicherweise verwendete Currypulver ganz anders ist als das der indischen Küche, gibt es genügend Produkte von guter Qualität, die auch von asiatischen Köchen herangezogen werden, weil sie dank ihres exotischen Geschmacks und feinen Aromas den Gerichten eine besondere Note geben. Denken Sie jedoch daran: Ein „Curry" ist eine Art der Speisenzubereitung, kein bestimmter Geschmack oder ein Grad der Schärfe.

ESSIG
In der asiatischen Küche wird viel Essig verwendet. Im Gegensatz zu europäischen Essigsorten wird er gewöhnlich aus Reis gewonnen. Es gibt verschiedene Geschmacksrichtungen von sauer und scharf bis süßlich und rund.

In meinen Rezepten verwende ich weißen und schwarzen Reisessig. Er ist in Flaschen abgefüllt und lange haltbar. Wenn Sie keinen chinesischen Essig bekommen, verwenden Sie statt dessen Apfelessig, auch Malzessig ist akzeptabel; er ist aber intensiver und saurer. Keinesfalls den normalen weißen Essig aus einheimischer Produktion nehmen, der meist ein Verschnitt von Branntweinessig mit Weinessig ist.

FÜNF-GEWÜRZE-PULVER
Diese Würzmischung findet man immer häufiger in Supermärkten und Kaufhäusern. In Spezialgeschäften mit thailändischen oder chinesischen Produkten ist sie immer vorrätig. Es ist ein sehr vielseitiges Gewürz aus Sternanis, Szechuanpfeffer, Gewürznelken und Zimt. Eine Mischung von guter Qualität ist scharf, würzig-duftend und zugleich leicht süß. Weil es Gerichten ein exotisches Aroma verleiht, lohnt es sich, danach Ausschau zu halten. In einem gut verschließbaren Gefäß hält es sich unbegrenzt.

INGWER
Frische Ingwerwurzel ist eine unverzichtbare Zutat der asiatischen Küche. Der intensive, würzige, frische Geschmack gibt Suppen, Fleischgerichten und Gemüse ein unverkennbares, mehr oder weniger stark hervortretendes Aroma. Ingwer ist darüber hinaus ein wichtiges Würzmittel für Fische und Meerestiere, denn er neutralisiert „fischige" Düfte.

Ingwerwurzeln sind 7 bis 15 cm lang, haben eine hellbeige trockene Haut, die man vor der Verwendung abschält. Wählen Sie frischen Ingwer; er fühlt sich fest an und hat keine Runzeln. Wenn Sie ihn in Frischhaltefolie fest einwickeln, bleibt er im Kühlschrank bis zwei Wochen frisch. Frischen Ingwer gibt es beim Gemüsehändler und in Supermärkten. Das Pulver aus getrocknetem Ingwer schmeckt anders und sollte nur genommen werden, wenn es nicht anders geht.

Ingwersaft
Ingwersaft wird aus frischem Ingwer gepresst und für Marinaden verwendet, damit sie nach Ingwer schmecken, aber ohne den scharfen Biss von gehacktem, frischem Ingwer. Um Saft zu machen, schneiden Sie ungeschälten frischen Ingwer in 2 bis 3 cm große Stücke und pürieren Sie sie im Mixer. Den sehr fein zerkleinerten Ingwer geben Sie auf ein Leinentuch und pressen den Saft von Hand aus.

Eine andere Möglichkeit besteht darin, dass Sie frischen Ingwer mit dem Klopfer oder dem flachen Hackbeil quetschen, bis die Fasern weitgehend frei liegen. Dann können Sie den Saft auspressen. Ein 7 mal 3 cm großes Stück Ingwerwurzel ergibt etwa einen Esslöffel Saft.

KNOBLAUCH
Diese nahrhafte und weit verbreitete Würzknolle, eine Verwandte der Zwiebel, wird in der asiatischen Küche auf vielerlei Weise verwendet: als ganze Zehe, fein gehackt, zerdrückt oder eingelegt. Sie dient zum Verfeinern von Currys, würzigen Saucen, Suppen und nahezu jeden Gerichts.

Kaufen Sie frische, feste Knollen, vorzugsweise solche mit rosa Haut. Lagern Sie sie kühl und trocken, aber nicht im Kühlschrank, denn da schimmeln sie leicht oder beginnen auszutreiben.

KOKOSMILCH
In Südostasien ist Kokosmilch nicht nur ein beliebtes kühlendes Getränk, sie wird auch von Köchen ausgiebig bei der Zubereitung von Curry- und Fleischgerichten herangezogen, häufig auch in Saucen mit Currypaste und als wichtigste Zutat zu Nachspeisen und Konfekt.

Die Milch wird aus dem zerkleinerten, gepressten und mit Wasser verrührten Fruchtfleisch der Kokosnuss gewonnen. Sie hat einige der Eigenschaften von Kuhmilch: Beispielsweise sammelt sich der „Rahm" (die Fettkügelchen) an der Oberfläche, wenn man die Milch stehen lässt; man muss sie beim Kochen umrühren; und die chemische Zusammensetzung ihres Fetts kommt der von Butterfett näher als pflanzlichem Fett.

Frische Kokosmilch werden Sie nur selten bekommen, aber in Dosen von 400 ml Inhalt gibt es sie in gut sortierten Kaufhäusern und Supermärkten. Viele der angebotenen Produkte sind von guter Qualität. Wählen Sie nach Möglichkeit Kokosmilch aus Thailand oder Malaysia. Schütteln Sie die Dose kräftig vor dem Öffnen.

KORIANDER
Frisches Koriandergrün ist eines der beliebtesten Gewürze der Küche Südostasiens. Es sieht aus wie kleinblättrige glatte Petersilie, aber der scharfe, moschus- und zitronenartige Geschmack verleiht ihm eine eigene, unverwechselbare Note. Die gefiederten Blätter werden auch gern zum Garnieren verwendet, oder man hackt sie und gibt sie zu Saucen und Füllungen. Frisches Koriandergrün gibt es in Gemüseläden, auf Märkten und zunehmend auch in Supermärkten zu kaufen. Achten Sie beim Kauf auf sattgrüne, frische Blätter. Gelbe und welke Blätter sind ein Zeichen von langer Lagerung und sollten gemieden werden.

Um Koriander aufzubewahren, waschen Sie ihn in kaltem Wasser, lassen ihn abtropfen oder geben ihn in eine Salatschleuder und wickeln ihn in Küchenpapier. Im Gemüsefach des Kühlschranks bleibt er mehrere Tage frisch.

Gemahlener Koriander
Gemahlener Koriander aus den Samen der Pflanze hat einen frischen, süßlichen, zitronenähnlichen Geschmack. Er wird verbreitet für Currys verwendet. Sein Geschmack ist voller, wenn man die ungemahlenen Koriandersamen im Backofen röstet und im Mörser fein zerstößt.

einführung

LIMETTE

Die kleine grüne Zitrusfrucht ist in Südasien heimisch und wird inzwischen weltweit geschätzt. Sie hat einen feinen, frisch-sauren Geschmack und wird in Asien sehr häufig für Speisen oder als Basis für Saucen genutzt. Der Saft als auch die Schale können vielen Gerichten eine besondere Note verleihen. Eine Limette von normaler Größe ergibt etwa 2 Esslöffel Saft und 1½ Teelöffel geriebene Schale.

MIRIN

Dieser schwere, süße japanische Reiswein ist von sirupartiger Konsistenz und wird nur zum Kochen verwendet, um Saucen oder Gerichte zu süßen. Gegrilltem verleiht er einen besonders köstlichen Geschmack, denn der Alkohol verbrennt, und zurück bleibt nur die süße Essenz des Mirin. Für diese einzigartige Zutat gibt es keinen Ersatz. Fragen Sie danach in Asiengeschäften, Feinkostläden und großen Kaufhäusern. Mit einer Flasche kommen Sie lange aus, und die Mühe des Suchens wird sich lohnen.

MOOLI

Wie viele europäische Rettiche ist auch der Mooli, der chinesische weiße Rettich, eine scharfe, pfeffrig schmeckende Wurzel. Gewöhnlich wird sie wie Rüben gekocht. Man bekommt sie in manchen Asienläden.

NUDELN

Wie Reis sind Nudeln Grundbestandteil für schnell zubereitete, nahrhafte Gerichte wie auch für leichte Zwischenmahlzeiten. Während frisch zubereitete asiatische Nudeln bei uns selten zu haben sind, bekommt man abgepackte überall in Kaufhäusern und Supermärkten.

Für die Rezepte in diesem Buch werden drei Sorten verwendet: Glasnudeln, Eiernudeln und Reisnudeln.

Glasnudeln
Diese Nudelsorte mit glasigem Aussehen wird nicht aus Getreidemehl, sondern aus gemahlenen Mung-Bohnen hergestellt. Sie sind weiß und sehr dünn. Glasnudeln sind kein eigenständiges Gericht, sondern dienen als Einlage in Suppen und Geschmortem. Oder man frittiert sie und nimmt sie zum Garnieren.

Vor dem Gebrauch muss man sie mindestens 5 Minuten in heißem Wasser einweichen. Weil sie sehr lang sind, kann man sie nach dem Einweichen mit einer Schere in kürzere Stücke schneiden. Wenn Sie sie braten wollen, können Sie aufs Einweichen verzichten, aber Sie müssen sie voneinander trennen. Das Auseinanderziehen geschieht am besten in einer großen Tüte, sonst fliegen die Stücke nach allen Seiten.

Eiernudeln
Diese Nudelsorte wird aus Weich- oder Hartweizenmehl und Wasser hergestellt. Frische Eiernudeln bekommt man nur in guten Feinkostläden bzw. Spezialgeschäften, abgepackte gibt es in jedem Lebensmittelladen oder Supermarkt. Bandnudeln kommen gewöhnlich in Suppen, die runden sind zum Braten am besten geeignet. Gekochte Nudeln dienen als Beilage zu Hauptgerichten an Stelle von Reis; frische Eiernudeln sind dafür die besten.

Eiernudeln kochen
250 g Nudeln, frisch oder getrocknet
Wenn Sie frische bekommen oder selbst gemacht haben, geben Sie sie in einen Topf mit 2 Liter kochendem Wasser, dem Sie 1 Esslöffel Salz zugegeben haben, und kochen sie 3 bis 5 Minuten oder bis sie nach Ihrem Geschmack weich genug sind. Abgepackte Nudeln kochen Sie etwa 10 bis 12 Minuten oder wie auf der Packung angegeben in sprudelndem Wasser. Abgießen, abtropfen lassen und gleich servieren.

Wenn Sie Nudeln im Voraus zubereiten oder vorkochen wollen, bevor Sie sie braten, mischen Sie unter die gekochten, abgetropften Nudeln 2 Teelöffel Sesamöl und geben sie in eine Schüssel. Decken Sie die Schüssel mit Frischhaltefolie zu und stellen Sie sie in den Kühlschrank, wo sie etwa 2 Stunden gut verwendbar bleiben.

Reisnudeln
Diese Nudelsorte ist weiß und undurchsichtig und hat verschiedene Formen. Die Fadennudeln sind den italienischen Cappellini ähnlich, die Bandnudeln den Fettuccine. Beide Sorten können aus Ei und Reismehl oder nur aus Reismehl hergestellt wurden. Gekocht werden sie auf dieselbe Weise. Flache Reisnudeln, die etwa so lang sind wie ein Essstäbchen, sind die am weitesten verbreiteten. Sie können unterschiedlich dick sein. Verwenden Sie die Sorte, die im Rezept angegeben ist.

Reisnudeln lassen sich einfach zubereiten. Legen Sie sie 20 Minuten in heißes Wasser, bis sie weich sind. Gießen Sie das Wasser durch ein Sieb ab, und schon können Sie sie in die Suppe geben oder braten.

ÖLE

In Südostasien werden die meisten Gerichte mit Öl zubereitet. Ich bevorzuge Erdnussöl. In manchen Fällen kann man das Öl noch einmal verwenden. Sie brauchen es nur abkühlen zu lassen, durch ein feines Tuch oder Sieb zu gießen und im Kühlschrank aufzubewahren. Die Kälte macht es zwar trüb, aber bei Zimmertemperatur wird es wieder klar. Man sollte Öl nur einmal wiederverwenden.

Erdnussöl
Ich verwende es für die Wok-Küche, weil es einen angenehmen, unaufdringlichen Gechmack hat. Zwar ist sein Gehalt an gesättigten Fettsäuren höher als der anderer Pflanzenöle, aber man kann es stark erhitzen, ohne dass es zu verbrennen beginnt, weshalb es zum Braten und Frittieren ideal ist.

Natives Olivenöl
Wenn es im Rezept verlangt wird, verwenden Sie das beste kalt gepresste Olivenöl, das Sie finden können. Für Wok-Gerichte ist es normalerweise nicht ideal, weil der intensive fruchtige Geschmack sich bei starkem Erhitzen verflüchtigt. Aber für Salate und kalte Speisen gibt es nichts Besseres als ein gutes Olivenöl, und auch für Gerichte mit Tomaten kenne ich kein geeigneteres Öl. In einigen Rezepten wird Olivenöl mit Erdnussöl kombiniert. Dieses verhindert nämlich, dass das Olivenöl zu verbrennen beginnt und sein köstlicher Geschmack verloren geht.

Sesamöl
Dieses dickflüssige Öl von goldbrauner Farbe aus Sesamsamen hat einen unverwechselbaren, nussigen Geschmack und Geruch. In der asiatischen Küche wird es verbreitet zum Würzen genutzt, nicht aber zum Garen, weil es leicht verbrennt. Verwenden Sie es deshalb als Würze und nicht zum Braten oder Frittieren. Meistens wird es am Ende der Zubereitung beim Abschmecken zugegeben. In Supermärkten und Kaufhäusern bekommen Sie es in Flaschen.

Weitere Pflanzenöle
Gute, preiswerte Pflanzenöle werden aus Mais, Sonnenblumenkernen, Färberdisteln und Sojabohnen gemacht. Sie haben eine helle Farbe, schmecken weitgehend neutral und können auch im Wok verwendet werden, aber sie rauchen und verbrennen bei niedrigeren Temperaturen als Erdnussöl. Gehen Sie damit also vorsichtig um.

PFEFFER

Schwarzer Pfeffer
Schwarzer Pfeffer ist ein nicht wegzudenkender Bestandteil asiatischer Marinaden, Pasten und Würzen. Die Pfefferkörner sind die unreifen Beeren einer in Südostasien heimischen Liane aus der Pflanzenfamilie Piperaceae. Sie werden gepflückt, fermentiert und getrocknet, bis sie hart und schwarz sind. Am besten schmeckt schwarzer Pfeffer frisch aus der Mühle.

Weißer Pfeffer
Pfefferkörner werden erst durch eine besondere Behandlung weiß. Die größten reifen Pfefferfrüchte werden mehrere Tage in fließendes Wasser gelegt. Die Früchte quellen auf,

sodass man die äußere Schale leichter entfernen kann. Dann werden das Fruchtfleisch entfernt und die Steinkerne in der Sonne getrocknet, wobei sie eine hellbeige Färbung annehmen. Daher die Bezeichnung weißer Pfeffer. Auch hier: Frisch gemahlen schmeckt er am besten.

Szechuanpfeffer
Die Körner sind rötlich-braun und verbreiten einen intensiven Geruch, wodurch sie sich vom schärferen schwarzen Pfeffer unterscheiden, der als Ersatz verwendet werden kann. Szechuanpfeffer ist allerdings kein Produkt eines Pfeffergewächses; es sind die getrockneten Beeren des Fargara-Strauchs, eines Verwandten der chinesischen Wachsesche. Sie schmecken scharf und verursachen auf der Zunge eine leichtes Gefühl der Betäubung; ihr Aroma erinnert mich an Lavendel und Zitronenholz. Nicht dieser Pfeffer macht die Speisen der Szechuan-Küche so scharf, sondern die ebenfalls verwendeten Chilischoten. Man kann Szechuanpfeffer in einer normalen Pfeffermühle mahlen, aber man sollte die Körner vorher rösten, damit sie ihr Aroma voll entwickeln. Kaufen Sie keine dunklen Pfefferkörner; sie müssen ein leuchtendes Rotbraun oder Rostrot zeigen. Am besten sind sie vakuumverpackt, denn ihr besonderes Aroma verfliegt, wenn sie zu lange der Luft ausgesetzt sind. Verwenden Sie ihn zusammen mit anderem Pfeffer, damit der Geschmack kräftiger wird. Gemahlen und mit Salz vermischt ergibt er ein gutes Würzsalz für gegrilltes Fleisch.

Szechuanpfeffer rösten
Erwärmen Sie den Wok oder eine schwere Pfanne bei mittlerer Hitze. Geben Sie die Pfefferkörner hinein – bis zu etwa 100 g – und rösten Sie sie unter Rühren 5 Minuten oder bis sie zu bräunen und zu rauchen beginnen. Nehmen Sie die Pfanne vom Herd und lassen Sie sie abkühlen. Mahlen Sie die Körner in der Pfeffermühle oder einer vorher gereinigten Kaffeemühle. Sie können sie auch im Mörser zerstoßen. Schütten Sie sie durch ein feines Sieb, damit harte Schalenteile zurückbleiben. In einem fest verschließbaren Gefäß aufbewahren. Sie können auch die gerösteten ganzen Körner aufbewahren und bei Bedarf mahlen.

PILZE

Chinesische Trockenpilze
Getrocknete Pilze geben asiatischen Gerichten einen besonderen Geschmack, und ihr rauchiges Aroma wird sehr geschätzt. Es gibt verschiedene Sorten in Schwarz oder Braun. Die großen hellen mit gesprungener Haut sind die besten, aber auch teuersten; verwenden Sie sie sparsam. Chinesische Trockenpilze werden meist in Plastikbeuteln verkauft. Bewahren Sie sie in einem luftdicht verschließbaren Gefäß auf. Vor dem Gebrauch weicht man sie in einer Schüssel mit lauwarmem Wasser etwa 20 Minuten ein oder bis sie weich sind. Drücken Sie das überschüssige Wasser heraus und schneiden Sie die holzigen Stiele ab. Benutzt werden nur die Kappen. Das Wasser können Sie aufheben und für Suppen oder zum Kochen von Reis verwenden.

Shiitake-Pilze
Diese Pilzsorte nimmt in der asiatischen Küche einen breiten Raum ein. Sie sind dunkelbraun und haben einen ganz eigenen Geschmack. Gewöhnlich findet man sie in Supermärkten und Spezialgeschäften. Shiitake-Pilze werden frisch angeboten.

REIS
Der für die Rezepte in diesem Buch am besten geeignete Reis ist der weiße Langkornreis, den es in verschiedenen Sorten gibt. Ich schätze besonders den Basmati-Reis und den Thai-Reis, der auch als Jasmin-Duftreis bezeichnet wird. Beide sind von hervorragender Qualität und nach dem Kochen trocken und lockerer als andere Reissorten.

SHAOXING-REISWEIN
Seit Jahrhunderten ist Reiswein eine wichtige Zutat der chinesischen Küche. Ich denke, die beste Sorte – von denen

es unzählige gibt – stammt aus Shaoxing in der ostchinesischen Provinz Zhe jiang (Chekiang). Er wird aus Klebreis, Hefe und Wasser hergestellt. Die Köche verwenden ihn für Marinaden und Saucen sowie als Kochzutat. Bei uns bekommt man ihn in Spezialgeschäften. Bewahren Sie ihn gut verschlossen bei Zimmertemperatur auf.

Verwechseln Sie diesen Reiswein nicht mit Sake, der aus Japan stammt und anders ist als die chinesischen Erzeugnisse. Europäische Weißweine sind für beide kein geeigneter Ersatz. Falls Sie keinen chinesischen Reiswein bekommen, können Sie einen sehr trockenen Sherry verwenden, aber an den ausgeprägten runden, weichen Geschmack des Originals reicht er nicht heran.

SAUCEN UND PASTEN

Zur asiatischen Küche gehört eine große Zahl schmackhafter Saucen und Pasten. Manche sind dünnflüssig, andere sehr dick. Sie sind wichtig für den authentischen Geschmack der Speisen, und es lohnt die Mühe, sich danach umzuschauen. Die meisten werden in Flaschen oder Dosen angeboten. Man findet sie in Asien- und Feinkostgeschäften sowie in gut sortierten Supermärkten.

Austernsauce

Diese dicke, braune Sauce besteht aus einem Austernkonzentrat, das mit Sojasauce und Salzlake gekocht wurde. Anders als der Name vermuten lässt, schmeckt Austernsauce nicht nach Fisch. Sie ist sehr geschmacksintensiv und wird nicht nur zum Kochen verwendet, sondern – mit etwas Öl vermengt – auch als Würze für Gemüse, Geflügel und Fleisch. Austernsauce für Vegetarier wird aus Pilzen hergestellt.

Chili-Bohnen-Sauce

Diese dicke, dunkle Sauce oder Paste aus Sojabohnen, Chilischoten und anderen Zutaten ist sehr scharf und würzig. Nach der Verwendung das Glas immer gut verschließen und im Kühlschrank aufbewahren. Verwechseln Sie diese Sauce nicht mit der schärferen, leuchtend roten und dünnflüssigen Chilisauce, die ohne Bohnen hergestellt und als Würze fertiger Gerichte verwendet wird.

Fischsauce

In Südostasien gibt es verschiedene Fischsaucen, etwa Nam Pla oder Nuoc Mam. Sie sind dünnflüssig und braun und werden in Flaschen verkauft. Gemacht werden sie aus gesalzenem, fermentiertem Fisch, gewöhnlich Anchovis; sie riechen unverwechselbar nach Fisch und schmecken salzig. Fischsauce verleiht den Gerichten einen kräftigeren Geschmack, wobei der „Fischduft" beim Kochen zum großen Teil verloren geht. Wenn Sie sie zum ersten Mal verwenden, sollten Sie vorsichtig dosieren. Aus Thailand stammende Produkte sind ausgezeichnet und weniger salzig. Die Preise sind moderat; also nehmen Sie die beste Sorte, die Sie bekommen können.

Hoisinsauce

Hoisin-Sauce ist eine der aus Bohnen hergestellten Saucen. Sie ist eine gehaltvolle, dicke, dunkle, rötlich-braune Sauce aus Sojabohnenpaste, Knoblauch, Essig, Zucker, Gewürzen und anderen Geschmackszutaten. Sie hat eine würzige Süße, und ihre Konsistenz reicht von cremig-dick bis dünnflüssig. Hoisin-Sauce wird in Gläsern und Dosen angeboten. Die beste kommt unter dem Namen Pearl River Bridge aus China. Empfehlenswert sind auch die Saucen der Hersteller Amoy und Koon Chun aus Hongkong.

Sojasauce

Die asiatische Küche ist ohne Sojasauce undenkbar. Sie wird aus einer Mischung aus Sojabohnen, Mehl und Wasser hergestellt, die auf natürliche Weise vergoren wird und mehrere Monate reift. Es gibt zwei Hauptsorten: Helle Sojasauce hat einen kräftigen Geschmack und ist die bevorzugte Zutat beim Kochen. Sie ist salziger als dunkle Sojasauce. Die Hersteller bezeichnen sie oft als „Superior Soy Sauce". Dunkle Sojasauce reift länger als helle und ist fast schwarz. Sie ist auch etwas dickflüssiger und kräftiger im Geschmack, weshalb sie sich besonders für Schmorgerichte eignet. Als Würze für fertige Speisen ziehe ich sie der hellen Sorte vor. Die Produktbezeichnung ist „Soy Superior Sauce", sie ist also mit der hellen leicht zu verwechseln.

Die meisten in Supermärkten angebotenen Sojasaucen sind dunkel. Die Spezialgeschäfte führen beide Typen, und sie sind von ausgzeichneter Qualität. Achten Sie aber auf die Produktbezeichnung.

Thailändische Currypaste

Das ist eine intensiv würzige Paste aus Kräutern und Gewürzen und wird für Kokosnuss-Currys, Suppen und andere Gerichte verwendet.

Die grüne Currypaste wird aus frischen grünen Chilischoten hergestellt. Denken Sie daran: Grüne Chilis sind schärfer als rote. Wenn Sie also weniger „heiß" kochen wollen, verwenden Sie die rote Currypaste. Die ist auch scharf, aber etwas „zahmer".

SCHALENTIERE

In meinen Rezepten verwende ich vier Arten Schalentiere: Miesmuscheln, Austern, Garnelen und Kammmuscheln (Jakobsmuscheln).

Miesmuscheln

Miesmuscheln werden üblicherweise von Oktober bis März angeboten. Grundsätzlich sollte man sie am selben Tag verzehren, an dem man sie gekauft hat. Dann dürfen Sie sicher sein, dass sie so frisch sind wie möglich.

Frische Muscheln erkennt man daran, dass sie fest geschlossen sind. Sind einige Muscheln schon offen, verzichten Sie auf den Kauf. Geben Sie die Muscheln zu Hause gleich in eine Schüssel mit kaltem Wasser. Muscheln, die oben schwimmen, werfen Sie weg, ebenso solche, die offen sind. Schaben Sie unter fließendem Wasser mit einem kleinen Messer allen Bewuchs ab und ziehen Sie den Bart heraus. Werfen Sie zerbrochene Muscheln weg, ebenso offene, die sich nicht schließen, wenn Sie mit dem Messer fest auf die Schale klopfen.

Legen Sie die geputzten Muscheln in sauberes Wasser und spülen Sie sie drei- oder viermal mit frischem Wasser, um den Sand auszuschwemmen. Lassen Sie sie bis zum Kochen in frischem Wasser liegen. Alle Muscheln, die nach dem Kochen noch geschlossen sind, wegwerfen.

Austern

Wie im Fall der Miesmuscheln sollte man nur fest geschlossene Austern kaufen. Mit einer harten Bürste schrubben Sie den Sand ab. Zum Öffnen halten Sie die Austern in der einen Hand, die gewölbte Schale nach oben, und schieben die Spitze des Austernmessers oder eines kurzen Messers mit stabiler Klinge ins elastische Ligament (Scharnierband). Drehen Sie die Klinge, um die Klappen auseinander zu drücken, und schneiden Sie den harten Muskel zu beiden Seiten des Ligaments durch.

Garnelen

Sie können die großen Garnelen, so genannte King Prawns, bzw. deren Schwänze ungeschält oder geschält frisch oder tiefgefroren kaufen. Beide sind für die Rezepte in diesem Buch am besten geeignet.

Viele Fischgeschäfte und Supermärkte mit Fischabteilung führen tiefgefrorene ungeschälte Garnelen. Gelegentlich finden Sie auch frische Garnelen. Wie dem auch sei, tiefgefrorene ungekochte Garnelen sind gekochten unbedingt vorzuziehen, denn die vorgegarten nehmen den Geschmack der Saucen, in denen Sie sie zubereiten möchten, nicht an.

Garnelen schälen

Drehen Sie den zunächst den Kopf ab und ziehen Sie den Schwanz vom Brustpanzer ab. Danach schälen Sie die Chitinringe vom Schwanz ab, ebenso die kleinen Beine. Wenn Sie große King Prawns verwenden, schneiden Sie den Schwanz an der Oberseite der Länge nach mit einem kleinen, scharfen Messer ein und entfernen den dünnen dunklen Darm, der den ganzen Schwanz durchzieht. Waschen Sie die Garnelen gründlich, bevor Sie sie weiterverarbeiten.

Ein Trick für tiefgefrorene rohe Garnelen

Nachdem Sie die rohen Garnelen geschält und wie beschrieben vorbereitet haben, spülen Sie sie dreimal in jeweils 1 Liter kaltem Wasser, in dem Sie 1 Esslöffel Salz aufgelöst haben. Das festigt das Muskelgewebe der Garnelen und gibt ihm einen klaren, frischen Geschmack.

Jakobsmuscheln (Kammmuscheln)

Kaufen Sie immer lebende Jakobsmuscheln in der Schale; geschlossene Schalen zeigen an, dass sie frisch sind. Gelegentlich findet man sie schon vorbereitet ohne Schale; überzeugen Sie sich davon, dass sie rund und fest sind.

SCHALOTTEN

Die Schalotte, eine milde Zwiebelsorte, ist eine beliebte Zutat für südostasiatische Gerichte. Die kleinen, schlanken Zwiebeln mit kupferfarbener Haut schmecken intensiv nach normaler Zwiebel, ohne jedoch deren Schärfe zu haben.

Man bekommt sie im Gemüsehandel. Sie sind nicht ganz billig, dafür aber sehr ergiebig. Lagern Sie sie kühl und trocken (nicht im Kühlschrank); schälen und schneiden Sie sie wie gewöhnliche Zwiebeln (nicht hacken). Falls sie vorübergehend nicht zu haben sind, können Sie sich mit kleinen gelben Zwiebeln behelfen.

SESAMSAAT

Die getrockneten Samen der Sesampflanze schmecken angenehm nussig, sie sind reich an Protein und Spurenelementen. Die Farbe der ungeschälten Samen reicht von Hellgrau bis Schwarz, nach Entfernen der Hülle kommen kleine gelblich-weiße Samenkörner zum Vorschein, die flach sind und an einem Ende spitz zulaufen. Lagern Sie sie in einem Glasgefäß kühl und trocken, dann halten sie unbegrenzt.

Sesampaste ist eine gehaltvolle, cremige braune Paste aus Sesamsaat, die für warme und kalte Gerichte verwendet wird. Verkauft wird sie in Gläsern. Als Ersatz kann man Erdnussbutter nehmen, deren Konsistenz ähnlich ist. Verwechseln Sie Sesampaste, die aus gerösteten Samen hergestellt wird, nicht mit Tahini aus ungerösteten Samen.

Sesamsaat rösten

Eine Pfanne stark erhitzen. Sesamsaat hineingeben und gelegentlich umrühren. Aufpassen: Sobald die Samen leicht braun werden, was nach 3 bis 5 Minuten der Fall sein wird, nochmals umrühren und zum Abkühlen auf einen Teller schütten. Nachdem sie völlig abgekühlt sind, in ein luftdicht verschließbares Glas geben und an einem kühlen, dunklen Ort lagern.

Alternatives Verfahren: Backofen auf 160 °C vorheizen (Gas Stufe 3). Sesamsaat auf ein Kuchenblech streuen und im Ofen 10 bis 15 Minuten rösten bzw. bis sie hellbraun wird. Aus dem Backrohr nehmen, abkühlen lassen und wie beschrieben aufbewahren.

STERNANIS

Sternanis ist eine Bibernellenart, deren Samenstände einen achtstrahligen Stern bilden. Geschmack und Duft sitzen allerdings nicht in den Samen, sondern in der holzigen Hülle; sie sind denen des gewöhnlichen Anis ähnlich, nur etwas herzhafter und erinnern an Lakritze. In Europa verwendet man das ätherische Öl des Sternanis zur Herstellung von Likören und anderen nach Anis schmeckenden Nahrungsmitteln.

Sternanis ist ein wichtiger Bestandteil des Fünf-Gewürze-Pulvers und wird verbreitet für Schmorgerichte verwendet, denen er Duft und kräftigen Geschmack gibt. Er wird in Plastiktüten angeboten und sollte in einem gut verschließbaren Gefäß kühl und trocken aufbewahrt werden.

TOFU

Die Chinesen nennen den Quark aus Sojabohnen *doufu*, die Japaner *tofu*. Er ist sehr nahrhaft, reich an Eiweiß und kalorienarm. Die Masse hat eine feste Struktur und schmeckt nach nichts. Deshalb ist es ein guter Begleiter anderer Zutaten und Gewürze.

einführung 19

Tofu wird aus gelben Sojabohnen hergestellt, die eingeweicht, zermahlen, mit Wasser vermischt und kurz aufgekocht werden. Durch Zugabe von Säure wird die Mixtur zum Gerinnen gebracht und der Bruch wird abgepresst.

ZITRONENGRAS

Der feine Zitronenduft und -geschmack dieses Krauts verleiht fein gewürzten Gerichten eine spezielle Note. In der asiatischen, vor allem der thailändischen Küche wird es häufig benutzt. Es gilt auch als Heilmittel gegen Verdauungsstörungen. Die in Südostasien heimische Pflanze gibt es frisch oder getrocknet zu kaufen, wobei getrocknetes Zitronengras nicht zum Kochen verwendet wird, sondern als Kräutertee. Zitronengras ist mit Citronellagras verwandt, das allerdings einen höheren Anteil ätherischen Öls enthält und bei der Parfümherstellung sowie gegen Stechmücken Verwendung findet.

Frisches Zitronengras wird als bis zu 60 cm langer Halm verkauft und sieht aus wie eine lange, sehr dünne Frühlingszwiebel. Für die meisten Rezepte wird nur der untere Teil des Halms verwendet. Es ist eine langfaserige Pflanze, was allerdings keine Rolle spielt, weil es nur auf Duft und Geschmack ankommt. Vor dem Servieren werden die Stücke entfernt.

Kaufen Sie nach Möglichkeit immer nur ganz frische Ware. Sie finden sie in Gemüseläden und auf Märkten, inzwischen auch in manchen Supermärkten. Zum Lagern wickeln Sie die Halme locker in Küchenpapier und legen sie unten in den Kühlschrank, wo sie bis zu einer Woche frisch bleiben.

Beachten Sie, dass Zitrone kein Ersatz für Zitronengras ist; ihr Geschmack ist ganz anders.

ARBEITSTECHNIKEN

SCHNEIDEN

In Scheiben schneiden
Dies ist die übliche Methode, Zutaten in Scheiben zu schneiden. Drücken Sie, was immer Sie schneiden wollen, mit einer Hand fest aufs Küchenbrett und schneiden Sie es von oben nach unten in ganz dünne Scheiben.

Fleisch wird immer quer zur Faser geschnitten, damit es bei der Zubereitung nicht hart wird. Wenn Sie statt eines normalen Küchenmessers mit dem Hackbeil arbeiten, legen Sie den Zeigefinger über den Rücken auf die Ihnen abgewandte Seite der Klinge und den Daumen auf die Ihnen zugewandte, damit Sie die Schneide besser führen können. Ziehen Sie vorsichtshalber die Finger der Hand, mit der Sie das Schneidgut halten, ein, sodass die Knöchel sozusagen als Anschlag und Führung für die Klinge dienen.

Schräg in Scheiben schneiden
Schräge Schnitte bei Gemüse wie Spargel, Möhren oder Frühlingszwiebeln bewirken, dass größere Oberflächen entstehen und das Gemüse schneller gart. Setzen Sie dazu das Messer schräg zur Hauptachse des Schneidguts an.

Drehschneiden
Das ist dem Schrägschneiden ähnlich und wird bei Gemüsearten wie Zucchini, Möhren, Auberginen und chinesischen weißen Rettichen (Mooli) verwendet. Auch damit werden die Schnittflächen größer, wodurch die Garzeiten verkürzt werden.

Schneiden Sie das Ende des Gemüses schräg ab, dann drehen Sie es um 180° und machen den nächsten Schrägschnitt. Fahren Sie mit dem Schneiden und Drehen fort, bis Sie das ganze Stück in gleichmäßige rautenförmige Stücke zerlegt haben.

In Streifen schneiden
Bei diesem Vorgang wird das Nahrungsmittel in dünne, streichholzähnliche Stücke zerlegt. Schneiden Sie die Zutat erst in Scheiben. Legen Sie mehrere Scheiben übereinander und schneiden Sie sie in dünne Streifen. Manche Zutaten, wozu vor allem Fleisch gehört, lassen sich leichter in Streifen schneiden, wenn man sie vorher 20 Minuten ins Tiefkühlfach legt.

Würfeln

Eine einfache Technik, um Nahrungsmittel in kleine Würfel zu zerlegen. Erst schneidet man Scheiben, legt einige davon übereinander und schneidet sie in schmale oder breitere Streifen wie beschrieben. Schieben Sie mehrere Streifen zusammen und schneiden Sie sie quer zur ersten Schnittführung in gleichmäßige Würfel.

Hacken

Um Kräuter und Gewürze sehr fein zu zerkleinern, hackt man sie. Gelernte Köche handhaben das Messer oder Hackbeil so schnell, dass Sie es kaum sehen, oder arbeiten gar mit zweien. Zu letzterer Methode möchte ich Ihnen allerdings nicht raten, damit es keine Katastrophe gibt.

Schneiden Sie die Zutat mit einem scharfen Küchenmesser oder dem Hackbeil zuerst in Scheiben. Dann hacken Sie die Streifen, bis die Stückchen über das ganze Küchenbrett verteilt sind. Die schieben Sie zu einem Häufchen zusammen, hacken ein weiteres Mal und wiederholen den Vorgang, bis alles so klein ist, wie Sie es haben wollen.

Sie können das Hackbeil oder Küchenmesser auch mit zwei Händen an der Klinge halten anstatt mit einer am Griff. Man kann auch einen Mixer verwenden, aber seien Sie vorsichtig, das Zerkleinern nicht zu weit zu treiben, sonst bekommen Sie ein Mus, und der Geschmack geht verloren.

ZUBEREITUNGSTECHNIKEN
Blanchieren

Hier geht es darum, Zutaten einige Sekunden oder Minuten in kochendes Wasser oder nicht zu stark erhitztes Öl zu legen, um es kurz anzugaren. Es ist eine Art Weichmachen vor der eigentlichen Zubereitung.

Festes Gemüse wie Brokkoli oder Möhren werden manchmal mehrere Minuten in kochendem Wasser blanchiert, dann in eiskaltem Wasser abgeschreckt, um den Garungsprozess abzubrechen. Blanchieren ist oft die Vorstufe zum Braten im Wok.

Frittieren

In der chinesischen Küche wird viel frittiert. Der Trick dabei besteht darin, dass man die Hitze so reguliert, dass sich die Poren des Nahrungsmittels schließen, es aber nicht zu schnell bräunt und innen noch roh ist. Obwohl frittierte Gerichte nicht fett sind, braucht man eine große Menge Öl, damit das Kochgut völlig damit bedeckt ist

Chinesen benutzen zum Frittieren den Wok, für den man weniger Öl braucht als in einer Fritteuse. Wenn Sie im Umgang mit dem Wok noch wenig Erfahrung haben, sollten Sie bei der konventionellen Art des Frittierens bleiben. Falls Sie ihn doch verwenden wollen, achten Sie darauf, dass er einen festen Stand hat, bevor Sie das Öl hineingießen. Und auf gar keinen Fall dürfen Sie ihn unbeaufsichtigt lassen.

Hier einige Hinweise, die Sie beachten sollten:

- Warten Sie, bis das Öl heiß genug ist, bevor Sie die Zutaten hineingeben. Heiß genug ist es, wenn es gerade zu rauchen beginnt. Die Hitze können Sie testen, indem Sie ein kleines Stück von Ihrem Frittiergut hineingeben oder den Stiel eines Holzkochlöffels hineinhalten. Steigen Blasen auf, ist das Öl heiß genug. Wenn Sie jetzt sofort mit dem Frittieren beginnen, brauchen Sie die Hitze nicht zu reduzieren; das Frittiergut nimmt so viel Hitze auf, dass sich das Öl nicht überhitzt.

- Nahrungsmittel, die frittiert werden sollen, müssen vorher mit Küchenkrepp gut abgetrocknet werden. Damit vermeidet man, dass das Öl spritzt. Haben Sie das Frittiergut in einer Marinade ziehen lassen, heben Sie es mit dem Schaumlöffel heraus und lassen es gut abtropfen, bevor Sie es ins Öl geben. Auch wenn Sie etwas im Teigmantel frittieren wollen, lassen Sie überschüssigen Teig vorher abtropfen.

- Zum Frittieren verwendetes Öl kann einmal wieder verwendet werden (siehe Seite 15). Schreiben Sie auf, was Sie damit frittiert haben, und verwenden Sie es weiterhin nur dafür.

- Beim Frittieren wird das Gericht portionsweise gegart, sonst kühlt das Öl ab und kann die Speisen nicht richtig garen und knusprig machen. Sie brauchen sich keine Gedanken darüber zu machen, die frittierte Portion warm zu halten, während die nächste gart, denn einer der Vorteile des Kochens mit dem Wok besteht darin, dass die meisten Speisen wenigstens 20 Minuten ausreichend warm bleiben.

Dämpfen
Seit Tausenden von Jahren nutzt man in China die Zubereitungsart des Dämpfens. Die Nahrungsmittel garen bei moderater feuchter Hitze, die frei zirkulieren muss, damit das Kochgut weich wird. Bei dieser Methode werden die feinen Aromen freigesetzt, und sie eignet sich besonders für Fischgerichte. Dämpfen ist auch das beste Verfahren zum Aufwärmen von Speisen, denn es erhitzt, ohne den Garvorgang fortzusetzen und die Speisen auszutrocknen.

- Sie können auch im Wok dämpfen. Geben Sie etwa 5 cm hoch Wasser in den Wok. Dann hängen Sie das metallene oder hölzerne Gitter ein. Erhitzen Sie das Wasser, bis es zu wallen beginnt, und legen Sie die zu garenden Zutaten auf einen Teller. Stellen Sie den Teller auf das Gitter und decken Sie den Wok zu. Überprüfen Sie von Zeit zu Zeit den Wasserstand und füllen Sie bei Bedarf heißes Wasser nach. Wenn Sie kein Gitter aus Metall oder Holz haben, stellen Sie eine kleine leere Konservendose (ohne Boden und Deckel) in den Wok und den Teller darauf. Das Kochgut muss sich immer über der Wasseroberfläche befinden und darf nicht nass werden. Der Abstand zwischen Wasser und Tellerunterseite sollte mindestens 3 cm betragen.
- Sie können auch einen Dämpfkorb aus Bambusrohr in den Wok stellen. Dazu benötigen Sie einen großen Korb von etwa 25 cm Durchmesser. Geben Sie etwa 5 cm hoch Wasser in den Wok. Erhitzen Sie es, bis es zu wallen beginnt. Stellen Sie den Dämpfkorb mit dem Kochgut hinein. Decken Sie den Korb zu, bis die Nahrungsmittel gar sind. Füllen Sie, falls erforderlich, heißes Wasser nach.

Unter Rühren braten
Diese berühmteste aller chinesischen Kochtechniken (für die sich die unsinnige Bezeichnung „Pfannenrühren" eingebürgert hat) ist wahrscheinlich auch die kniffligste, weil sie nur gelingt, wenn man alle benötigten Zutaten vorbereitet, abgemessen und für den sofortigen Gebrauch zurechtgelegt hat. Die Vorteile bestehen darin, dass bei richtiger Handhabung das Kochgut in wenigen Minuten mit sehr wenig Öl gegart werden kann; es behält seinen natürlichen Geschmack und fast alle wertvollen Inhaltsstoffe, überdies bleibt es knackig fest. Vor allem kommt es darauf an, nicht zu lange zu garen und nicht zu viel Öl zu verwenden.

Wenn Sie einmal diese Kochtechnik beherrschen, werden Sie sich nicht vorstellen können, früher ohne sie ausgekommen zu sein. Ein Wok bringt viele Vorteile beim Rührbraten, weil seine Form nicht nur die Hitze gut verteilt, sondern weil die hohen Wände rasches Rühren und Wenden ermöglichen, ohne dass etwas herausfällt.

Nachdem Sie alle Zutaten vorbereitet haben, gehen Sie folgendermaßen vor:

- Den Wok sehr heiß werden lassen, bevor Sie das Öl hineingießen. Damit verhindern Sie, dass das Kochgut anhängt, und stellen sicher, dass der Wok gleichmäßig heiß ist. Geben Sie das Öl hinein und verteilen Sie es gleichmäßig mit der Bratschaufel oder einem langen Löffel. Das Öl muss sehr heiß werden – zu rauchen beginnen –, bevor Sie die Zutaten hineingeben; es sei denn, sie wollen das Öl aromatisieren.
- Wenn Sie das Öl mit Knoblauch, Frühlingszwiebeln, Ingwer, getrockneten roten Chilis oder Salz aromatisieren wollen, dürfen Sie das Öl nicht so stark erhitzen, bis es zu rauchen beginnt, denn dann verbrennen diese Zutaten und werden bitter. Lassen Sie sie ein paar Sekunden unter kräftigem Rühren bei mittlerer Hitze braten. In einigen Rezepten werden sie wieder herausgenommen, bevor man die anderen Zutaten ins Öl gibt.
- Jetzt die Zutaten wie im Rezept beschrieben in den Wok füllen und mit Spatel oder Löffel zu rühren beginnen.

Beim Rührbraten von Fleisch lassen Sie es auf beiden Seiten einige Sekunden anbraten, bevor Sie weiter rühren. Schieben Sie das Kochgut immer wieder von der Mitte des Boden zu den Seiten. Wundern Sie sich nicht, wenn es beim Rührbraten viel spritzt - das kommt von der starken Hitze, bei der die Speisen garen müssen.

- Manche unter Rühren gebratenen Gerichte werden mit in kaltem Wasser angerührter Speisestärke angedickt. Damit die Stärke nicht klumpt, müssen Sie den Wok von der Kochstelle nehmen, bevor Sie sie unter den Inhalt rühren. Zum Eindicken stellen Sie den Wok wieder auf den Herd und lassen unter Rühren 1 Minute köcheln.

Marinieren

Beim Marinieren werden rohes Fleisch oder Gemüse eine Zeitlang in eine Flüssigkeit gelegt, z. B. Sojasauce, Reiswein oder Sherry und Speisestärke, um den Geschmack zu intensivieren und die Gewebefasern mürbe zu machen. Wenn die Marinierzeit um ist, nimmt man die Zutaten mit dem Schaumlöffel heraus. Meistens wird die übrig gebliebene Marinade nicht mehr benötigt.

In der chinesischen Küche wird auf verschiedene Weise mariniert: Bestimmte Zutaten bleiben längere Zeit in der Marinade (gewöhnlich mindestens 20 Minuten), andere werden nur durch die Marinade gezogen. Manche Marinaden muss man kühl stellen, bei anderen genügt Raumtemperatur. Kühl gestellte Marinaden brauchen vor dem Zubereiten nicht wieder auf Raumtemperatur gebracht zu werden.

Zesten abschälen

Um von Zitrusfrüchten wie Zitrone und Limette schnell und mühelos dünne Streifen Schale zu bekommen, verwendet man einen Zestenreißer. Der ist etwa so groß wie ein Obstmesser und hat einen breiten Kopf mit einer Reihe kleiner Löcher mit scharfem Rand. Die ziehen Sie einfach über die Schale und schneiden damit dünne Streifen aus der Oberfläche; die bittere weiße Schicht bleibt an der Frucht. Wenn Sie keinen Zestenreißer besitzen, schälen Sie die Frucht sehr dünn ab (ohne Weißes) und schneiden die breiten Streifen quer in sehr feine Streifen.

GRUNDREZEPTE

HÜHNERFOND

Hühnerfond ist eine vielseitig verwendbare Basis für Suppen und Saucen. Die wichtigsten Zutaten sind preiswert; er ist leicht und wohlschmeckend, und er verträgt sich gut mit anderen Zutaten, die er gehaltvoller und schmackhafter macht.

Fonds aus Schinken- oder Rinderknochen sind mir zu massiv. Dieses einfache Rezept für Hühnerfond zeigt, was meiner Meinung nach für alle Gerichte am besten geeignet

ist. Der auf diese Weise zubereitete Fond kann auch als Hühnersuppe serviert werden.

Viele der im Handel in Dosen oder Würfeln als Extrakt angebotenen Fonds sind von keiner guten Qualität, entweder sind sie zu salzig oder enthalten Zusätze wie Geschmacksverstärker, die sich auf Ihre Gesundheit ebenso nachteilig auswirken wie auf den natürlichen Geschmack einer guten Mahlzeit. Inzwischen gibt es jedoch auch frische Fonds im Glas, die ganz annehmbar sind und meist keine Zusätze enthalten.

Die Zubereitung des Fonds nimmt zwar etwas Zeit in Anspruch, ist aber einfach, und selbst zubereiteter Fond ist in jedem Fall besser als der aus der Fabrik.

Um mit dem Wok erfolgreich arbeiten zu können, brauchen Sie guten Hühnerfond, und viele Rezepte in diesem Buch verwenden ihn. Ich bereite immer eine größere Menge davon zu und friere ihn ein.

Wenn Ihr Bedarf jeweils gering ist, ist es sinnvoll, den Fond in Mengen von 0,5 Liter und weniger einzufrieren.

Hier einige Punkte, die bei der Zubereitung zu beachten sind:

- Für einen guten Fond braucht man Fleisch, damit er gehaltvoll wird und einen kräftigen Geschmack bekommt. Sie brauchen also mindestens einige Stücke Fleisch; verwenden Sie am besten gleich den ganzen Vogel.
- Fond darf niemals kochen, sonst wird er trüb, und das Fett verbindet sich mit der Flüssigkeit. Klarer Fond garantiert Geschmack und gute Verträglichkeit.
- Verwenden Sie einen hohen Topf, damit die Flüssigkeit alles bedeckt und langsam verdampft.
- Lassen Sie den Fond ganz leise köcheln und schöpfen Sie regelmäßig den Schaum ab. Seien Sie geduldig: Jedesmal wenn Sie mit diesem wunderbaren Fond kochen, werden Sie den Lohn dafür ernten.
- Filtern Sie den frisch zubereiteten Fond durch mehrere Lagen Käseleinen oder ein feinmaschiges Sieb.
- Lassen Sie den Fond gründlich abkühlen, bevor Sie ihn einfrieren. Entfernen Sie vorher alles fest gewordene Fett.

ERGIBT 3,5 LITER
VORBEREITUNGSZEIT: 15 MINUTEN
GARZEIT: 3–4 STUNDEN

Ich entferne den Schaum immer wieder sorgfältig, denn nur so entsteht ein klarer Fond für gute Suppen und Saucen.

Denken Sie daran, alle rohen Hühnerknochen und Karkassen einzufrieren und für den Fond aufzuheben. Wenn Ihnen die im Rezept genannten Mengen für Ihren Bedarf zu groß erscheinen, halbieren Sie sie.

2 kg rohe Hühnerknochen, z. B. Rücken, Beine, Flügel
750 g Hühnerteile wie Flügel, Ober- und Unterschenkel
3,5 l kaltes Wasser
ca. 5 cm Ingwerwurzel
10 Frühlingszwiebeln
1 Knolle Knoblauch, ungeschält
2 TL Salz
1 TL schwarze Pfefferkörner

1 Knochen und Fleisch in einen sehr großen Topf geben. (Die Knochen dürfen auch tiefgefroren sein.) Mit Wasser bedecken und zum Sieden bringen.

2 Inzwischen den Ingwer schälen und schräg in ca. 1 cm dicke Scheiben schneiden. Das Grün der Frühlingszwiebeln entfernen. Knoblauchknolle in Zehen zerlegen, aber nicht schälen.

3 Mit dem Schaumlöffel den sich an der Oberfläche absetzenden Schaum abschöpfen. Auf die Hitze achten: Der Fond darf nie kochen! Weiterhin Schaum entfernen, bis der Fond klar ist. Das kann 20 bis 40 Minuten dauern. Nicht rühren.

4 Die Hitze reduzieren und den Fond nur leicht simmern lassen. Ingwer, Frühlingszwiebeln, Knoblauchzehen, Salz und Pfefferkörner dazugeben. Bei ganz schwacher Hitze 2 bis 4 Stunden köcheln lassen. Während dieser Zeit mindestens zweimal Fett abschöpfen.

5 Fond durch mehrere Lagen angefeuchtetes Käseleinen oder durch ein sehr feinmaschiges Sieb gießen und vollständig abkühlen lassen. Wenn er kalt ist, das Fett entfernen, das sich auf der Oberfläche abgesetzt hat. In Gefäße umfüllen und einfrieren.

GEMÜSEFOND

Beim Thema Fond wird die vegetarische Küche zum Problem. Weil Geflügel, Fleisch oder Fisch nicht in Frage kommen, ist es schwierig, einen gehaltvollen Fond zuzubereiten, der die Grundlage jeder Küche ist. Der gehaltvolle Charakter kommt schließlich vom Tierfett und -eiweiß, und viele Menschen lehnen das ab.

Gemüsefonds sind zwar nicht so reichhaltig an Geschmacksstoffen, aber sie können trotzdem ihren Zweck erfüllen. Einer der besten vegetarischen Fonds, den ich gekostet habe, war der von Norbert Kostner, dem Chefkoch des berühmten Oriental Hotel in Bangkok. Norbert stammt zwar aus der Schweiz, lebt aber schon seit Jahrzehnten in Bangkok und hat die feinen Nuancen des asiatischen Geschmacks übernommen und in seine Rezepte integriert. Er war so freundlich, mir seine Ideen für einen hervorragenden Gemüsefond mitzuteilen.

Ich habe daraus ein Rezept für die private Küche gemacht. Um einen Gemüsefond von intensivem Geschmack zu Stande zu bringen, schlägt er vor, auf 3 Liter Wasser mindestens 5 Kilo Gemüse zu nehmen.

Eine solche Menge mag übertrieben erscheinen, aber es ist zu bedenken, dass es hierbei ums Destillieren von Essenzen geht und Gemüse viel billiger ist als Fleisch. Ich habe festgestellt, dass man den Fond geschmacklich anreichern kann, wenn man das Gemüse vorher im Backofen anbräunt.

Der Gemüsefond ist einfach zuzubereiten, und ich schlage vor, größere Mengen davon zu machen und sie einzufrieren, denn der Fond verträgt das. Wenn Sie jedoch zu wenig Zeit haben, den Fond selbst zuzubereiten: Es gibt inzwischen auch gute vegetarische Fonds fertig zu kaufen.

Falls Ihnen die Mengenangaben im Rezept zu hoch erscheinen, halbieren Sie sie.

ERGIBT CA. 3 LITER
VORBEREITUNGSZEIT: 35 MINUTEN
GARZEIT: 3 STUNDEN

50 g getrocknete chinesische Pilze
1 kg Möhren, geschält
4 Selleriestangen, geputzt
1 kg Zwiebeln, geschält
1 kg Mooli (chinesischer weißer Rettich), geschält
250 g Gurke, geschält, der Länge nach halbiert, entkernt
1 kg Tomaten
4 Stangen Lauch
250 g Schalotten
ca. 5 cm Ingwerwurzel

6 Frühlingszwiebeln, geputzt
10 Knoblauchzehen, in der Schale gequetscht
2 EL schwarze Pfefferkörner
1 EL Szechuan-Pfefferkörner (wahlweise)
2 EL Salz
3 l Wasser
3 EL helle Sojasauce

1 Pilze 20 Minuten in warmem Wasser einweichen, Flüssigkeit durch ein feines Sieb abgießen und aufbewahren. Überschüssige Flüssigkeit aus den Pilzen drücken, sieben und aufbewahren. Pilze mit Kappe und Stiel grob zerkleinern.

2 Möhren, Sellerie, Zwiebeln, Mooli, Gurke und Tomaten grob zerkleinern. Lauch waschen, grüne Teile entfernen, die weißen Teile grob hacken. Noch einmal waschen, um Sand herauszuspülen. Schalotten schälen, aber ganz lassen. Ingwerwurzel schälen und in ca. 1 cm dicke Scheiben schneiden.

3 Backofen auf 220 °C (Gas Stufe 4) vorheizen. Frühlingszwiebeln, Ingwer, Knoblauch, Schalotten, Pilze, Möhren, Sellerie, Zwiebeln, Mooli und Lauch auf ein Backblech geben und 20 Minuten bräunen.

4 Gurke und Tomaten dazugeben und weitere 8 Minuten bräunen. Gemüse in einen sehr großen Topf geben. Wasser, Pfefferkörner, Salz und Sojasauce dazugeben. Zudecken und zum Köcheln bringen.

5 Aufsteigenden Schaum mit dem Schaumlöffel abschöpfen. Die Schaumbildung hält etwa 10 bis 20 Minuten an.

6 Fond aufkochen lassen, Hitze reduzieren und etwa 2 Stunden köcheln lassen. Von Zeit zu Zeit abschöpfen.

7 Fond durch ein grobes Sieb gießen, dann durch ein sehr feines. Vollständig abkühlen lassen. Dann verwenden oder in entsprechende Gefäße füllen und einfrieren.

REIS DÄMPFEN

Das Geheimnis, Reis zuzubereiten, ohne dass er klebrig wird, liegt darin, dass man ihn erst im offenen Topf bei starker Hitze kocht, bis das Wasser weitgehend verdampft ist. Dann reduziert man die Hitze, deckt den Topf zu und lässt den Reis mit dem verbleibenden Wasser langsam garen.

Hier einige wichtige Regeln:
- Der Reis sollte etwa 2,5 cm hoch mit Wasser bedeckt sein; bei zu viel Wasser wird er klebrig.
- Nehmen Sie während des Köchelns nie den Deckel ab. Stellen Sie die Küchenuhr ein und warten Sie, bis die Garzeit um ist.

FÜR 4 PERSONEN
VORBEREITUNGSZEIT: 5 MINUTEN
GARZEIT: 35 MINUTEN

300 g Langkornreis
0,6 l Wasser

1 Reis in einer Schüssel mehrmals mit frischem Wasser waschen, bis das Wasser sauber bleibt. Abgießen und Reis mit dem Kochwasser in einen Topf geben. Darauf achten, dass das Wasser ca. 2,5 cm hoch über dem Reis steht. Gegebenenfalls Wasser zugießen oder abschöpfen.

2 Alles zum Kochen bringen und kochen lassen, bis das Wasser, das über dem Reis steht, zum größten Teil verdampft ist, was etwa 15 Minuten dauert. In der Oberfläche der Reisschicht sollten jetzt kleine Löcher zu erkennen sein.

3 Topf mit einem dicht schließenden Deckel zudecken, Hitze so weit wie möglich reduzieren und den Reis ungestört 15 Minuten garen lassen. Vom Herd nehmen.

4 Es ist nicht nötig, den Reis aufzulockern. Lassen Sie ihn einfach im geschlossenen Topf 5 Minuten stehen, bevor Sie ihn servieren.

vorspeisen

FÜR 4 PERSONEN
VORBEREITUNGSZEIT: 10 MINUTEN
GARZEIT: 4–5 MINUTEN

Diese beliebte Vorspeise aus Hongkong verwendet rohe, „grüne" Garnelen. Heute bekommt man rohe Garnelen ohne Schale tiefgefroren auch in Supermärkten. Für dieses Rezept verwende ich jedoch ungeschälte, weil sie in der Schale saftig und köstlich bleiben.

salz-und-pfeffer-garnelen

500 g kleine, rohe, ungeschälte Garnelen, frisch oder tiefgefroren
2 EL Salz
0,5 l Erdnussöl

WÜRZE
2 frische Chilischoten, entkernt, grob gehackt
Meersalz nach Geschmack
1 TL Szechuan-Pfefferkörner, geröstet und gemahlen, oder schwarzer Pfeffer aus der Mühle
1 TL Zucker
2 EL Knoblauch, grob gehackt
2 EL Frühlingszwiebeln, fein gehackt

ZUM GARNIEREN
etwas Koriandergrün (wahlweise)

1 Tiefgefrorene Garnelen vollständig auftauen lassen. 1 Esslöffel Salz in eine große Schüssel mit Wasser geben und die Garnelen behutsam im Salzwasser waschen. Abgießen und Vorgang mit frischem Wasser und Salz wiederholen. Wiederum abgießen. Die Beine der Garnelen entfernen. Garnelen mit Küchenkrepp trockentupfen.

2 Die Zutaten für die Würze in einer kleinen Schüssel mischen und beiseite stellen.

3 Wok bei starker Hitze sehr heiß werden lassen, dann Öl hineingießen. Wenn es leicht zu rauchen beginnt, die Garnelen dazugeben und etwa 1 Minute frittieren, bis sie rosa sind. Sofort mit der Bratschaufel herausnehmen und auf Küchenkrepp abtropfen lassen.

4 Öl vollständig aus dem Wok abgießen und ihn neu aufheizen. Sobald er heiß ist, die Würzzutaten hineingeben und 30 Sekunden unter Rühren braten.

5 Garnelen wieder in den Wok geben und bei starker Hitze 2 Minuten unter Rühren braten, bis die Schalen vollständig mit der Würzmischung überzogen sind.

6 Garnelen auf eine vorgewärmte Platte legen, eventuell mit Koriander garnieren und sofort servieren. Diese schnell zubereitete Vorspeise eignet sich auch als Hauptgericht.

FÜR 4–6 PERSONEN
VORBEREITUNGSZEIT: 15 MINUTEN
GARZEIT: 5 MINUTEN

Ich liebe solche unwiderstehlichen, köstlichen Vorspeisen. Sie lassen sich einfach und schnell zubereiten. Ideal für eine Party, besonders wenn es schnell gehen muss.

knuspriges curryhuhn

500 g Hühnerschenkel, entbeint, gehäutet
Speisestärke zum Bestäuben
0,5 l Erdnussöl

MARINADE
Salz und schwarzer Pfeffer aus der Mühle
1½ EL Madras-Currypulver

V Kann im Voraus zubereitet werden. Zudecken und bis zu 1 Stunde im Kühlschrank aufbewahren.

1 Hühnerschenkel in etwa 7 cm große Stücke schneiden. In einer Schüssel die Zutaten für die Marinade vermischen. Geflügelteile hineingeben, gut vermischen und bei Raumtemperatur mindestens 10 Minuten ziehen lassen. Marinade abgießen. **V**

2 Das Hühnerfleisch mit Speisestärke bestäuben, überschüssige Stärke abschütteln.

3 Den Wok bei starker Hitze heiß werden lassen, dann das Öl hineingießen. Hitze reduzieren und das Fleisch 5 Minuten frittieren, bis es goldbraun ist. Mit dem Schaumlöffel herausnehmen und auf Küchenkrepp abtropfen lassen.

4 Auf eine vorgewärmte Platte legen und sofort servieren.

FÜR 4–6 PERSONEN
VORBEREITUNGSZEIT: 25 MINUTEN
GARZEIT: 5 MINUTEN

Eine meiner Geheimwaffen für die schnelle Küche ist Sojasauce. Als Marinade zieht sie rasch ein und verleiht der Speise einen ganz besonderen Geschmack. Binnen 20 Minuten wird aus einem gewöhnlichen Hühnchen ein besonderer Leckerbissen.

hühnchen in sojasauce

500 g Hühnerschenkel, entbeint und gehäutet
Speisestärke zum Bestäuben
0,5 l Erdnussöl

MARINADE
3 EL helle Sojasauce
1 EL Shaoxing-Reiswein oder trockener Sherry
2 TL Ingwersaft (siehe Seite 13)
Salz und schwarzer Pfeffer aus der Mühle nach Geschmack

V   Kann im Voraus zubereitet werden. Zugedeckt bis zu 1 Stunde im Kühlschrank aufbewahren.

1 Hühnerschenkel in etwa 7 cm große Stücke schneiden. In einer Schüssel die Zutaten für die Marinade vermischen. Geflügelfleisch hineingeben, gut vermischen und mindestens 20 Minuten ziehen lassen. Marinade abgießen. V

2 Hühnerfleisch mit Speisestärke bestäuben, überschüssige Stärke abschütteln.

3 Wok bei starker Hitze heiß werden lassen, dann das Öl hineingießen. Sobald es leicht zu rauchen beginnt, Hitze reduzieren und das Fleisch 5 Minuten frittieren, bis es goldbraun ist. Mit dem Schaumlöffel herausnehmen und auf Küchenkrepp abtropfen lassen.

4 Auf eine vorgewärmte Platte legen und sofort servieren.

vorspeisen

FÜR 4 PERSONEN
VORBEREITUNGSZEIT: 10 MINUTEN
GARZEIT: 30 MINUTEN

In großen Mengen zubereitet, sind diese Flügel ein ungewöhnliches Gericht für Partys. Den ersten Teil des Rezepts (bis einschließlich Schritt 2) kann man schon tags zuvor erledigen. Kalt serviert, ohne den letzten Frittiervorgang, ist das ein hervorragendes Gericht für Picknicks.

fünf-gewürze-hühnerflügel

500 g Hühnerflügel
3 Knoblauchzehen, durchgepresst
3 cm Ingwerwurzel, ungeschält zerdrückt
4 Frühlingszwiebeln
3 EL dunkle Sojasauce
2 EL helle Sojasauce
2 EL Shaoxing-Reiswein oder trockener Sherry
Salz und schwarzer Pfeffer aus der Mühle nach Geschmack
2 EL Zucker
3 EL Wasser
2 TL Fünf-Gewürze-Pulver
Speisestärke zum Bestäuben
0,5 l Erdnussöl

> **V** Kann im Voraus zubereitet werden. Zugedeckt bis zu 24 Stunden im Kühlschrank aufbewahren.

1 Die Hühnerflügel zusammen mit Knoblauch, Ingwer, Frühlingszwiebeln, Sojasauce, Reiswein oder Sherry, Salz, Pfeffer, Zucker und Wasser in den Wok geben. Bis zum Aufkochen erhitzen, auf sehr kleiner Hitze zugedeckt etwa 10 Minuten köcheln lassen.

2 Geflügelteile wenden und weitere 10 Minuten köcheln lassen. Mit dem Schaumlöffel herausheben, auf Küchenkrepp abtropfen lassen und zum vollständigen Abkühlen beiseite stellen. Im Kühlschrank bis zu 24 Stunden aufbewahren. **V**

3 Das Fünf-Gewürze-Pulver mit etwas Salz vermischen und beiseite stellen.

4 Hühnerflügel mit Speisestärke bestäuben, überschüssige Stärke abschütteln. Die Geflügelteile müssen in zwei Portionen frittiert werden, denn gibt man alle auf einmal in das Öl, kühlt es ab, und die Teile werden nicht gar und auch nicht knusprig.

5 Wok bei starker Hitze heiß werden lassen, dann das Öl hineingießen. Wenn es leicht zu rauchen beginnt, Hitze reduzieren. Die erste Portion Hühnerflügel etwa 5 Minuten frittieren, bis sie goldbraun sind. Mit dem Schaumlöffel herausheben und auf Küchenkrepp abtropfen lassen. Dann die zweite Portion frittieren.

6 Hühnerflügel auf eine vorgewärmte Platte legen, mit der Fünf-Gewürze-Mischung bestreuen und sofort servieren.

FÜR 4 PERSONEN
VORBEREITUNGSZEIT: 10 MINUTEN
GARZEIT: 10 MINUTEN

Die vielseitige Verwendbarkeit von Huhn ist einer der Gründe, warum es als Vorspeise so beliebt ist. Hier wird das Hühnerfleisch mariniert, dann mit Sesam bestreut und frittiert. Ein Appetit anregender Einstieg für jede Mahlzeit. Wie im vorangehenden Rezept wird das Geflügel in Portionen frittiert.

sesam-hühnchen

250 g Hühnerbrust, entbeint und gehäutet
Speisestärke zum Bestäuben
2 Eiweiß, leicht geschlagen
6 EL rohe weiße Sesamsamen
0,5 l Erdnussöl

MARINADE
1 EL helle Sojasauce
1½ EL Shaoxing-Reiswein oder trockener Sherry
Salz nach Geschmack
1 TL Zucker
1 TL Sesamöl
2 TL Zitronensaft

1 Hühnerfleisch diagonal in dünne, 7 bis 8 cm lange Streifen schneiden. In einer Schüssel die Zutaten der Marinade vermischen. Fleischstreifen hineingeben und gut vermengen. Marinade abgießen.

2 Fleischstreifen mit Speisestärke bestäuben, überschüssige Stärke abschütteln. Dann in das Eiweiß tauchen und anschließend in die Sesamsamen. Menge in zwei oder drei Portionen teilen.

3 Wok bei starker Hitze heiß werden lassen, dann das Öl hineingießen. Hühnerfleisch in Portionen bei mittlerer Hitze etwa 5 Minuten frittieren, bis es goldbraun ist.

4 Auf eine vorgewärmte Platte legen und sofort servieren.

FÜR 4 PERSONEN
VORBEREITUNGSZEIT: 35 MINUTEN
GARZEIT: 3 MINUTEN

Ich liebe diese schmackhaften, schnell und einfach zubereiteten Vorspeisen. Die Garnelen sind ein köstlicher Auftakt zu jeder Mahlzeit. Verwenden Sie für dieses Rezept nur rohe Garnelen.

birma-garnelen

- 500 g Garnelen, roh und ungeschält, frisch oder tiefgefroren
- 1 EL Salz und schwarzer Pfeffer aus der Mühle nach Geschmack
- 2 EL Erdnussöl

MARINADE
- 2 EL Knoblauch, geschält und fein gehackt
- ½ TL Cayennepfeffer (wahlweise)
- 2 EL Limettensaft
- Salz und schwarzer Pfeffer aus der Mühle nach Geschmack
- 2 TL Kurkuma
- 2 Eier, leicht geschlagen
- 2 TL Sesamöl

V Kann im Voraus zubereitet werden. Zugedeckt bis zu 2 Stunden im Kühlschrank aufbewahren.

1 Tiefgefrorene Garnelen vollständig auftauen lassen. Die Garnelen schälen, mit einem kleinen scharfen Messer den Darm entfernen. Garnelen in einer Schüssel mit kaltem Wasser und 1 Esslöffel Salz waschen. Abtropfen lassen und mit Küchenkrepp trockentupfen.

2 In einer großen Schüssel die Zutaten für die Marinade gut vermischen. Garnelen damit vermengen und bei Raumtemperatur 30 Minuten marinieren. Marinade abgießen. **V**

3 Wok bei starker Hitze heiß werden lassen, dann das Öl hineingießen. Sobald es leicht zu rauchen beginnt, Garnelen dazugeben. Etwa 3 Minuten unter Rühren braten, bis die Garnelen rot werden.

4 Auf eine vorgewärmte Platte legen und sofort servieren.

FÜR 4 PERSONEN
VORBEREITUNGSZEIT: 10 MINUTEN
GARZEIT: 4 MINUTEN

Eine köstliche Vorspeise – schmackhaft, gut bekömmlich und einfach zu machen. Man braucht kein Vegetarier zu sein, um diese Pilze zu genießen.

gebratene pilze

250 g Shiitake-Pilze oder
   große Champignons
Salz nach Geschmack
3 EL Mehl
1 EL Madras-Currypulver
3 EL Erdnussöl

1 Die größten und schönsten Pilze auswählen. Die Stiele abschneiden und wegwerfen. Pilzkappen nicht waschen, sondern nur mit einem feuchten Tuch abreiben.

2 Jeden Pilz auf beiden Seiten mit wenig Salz bestreuen.

3 In einer kleinen Schüssel Mehl und Currypulver vermischen. Die Mischung über die Pilzkappen streuen, überschüssiges Pulver abschütteln.

4 Wok bei starker Hitze heiß werden lassen, dann das Öl hineingießen. Wenn es leicht zu rauchen beginnt, Hitze reduzieren. Pilze hineingeben und bei schwacher Hitze ohne Rühren etwa 2 Minuten auf jeder Seite braten.

5 Auf eine vorgewärmte Platte legen, mit etwas Salz bestreuen und sofort servieren.

FÜR 4–6 PERSONEN
VORBEREITUNGSZEIT: 25 MINUTEN
GARZEIT: 5 MINUTEN

Ich finde, Hühnerleber ist eine vernachlässigte, köstliche Speise. Sie gart schnell und ist preiswert. Hier wird sie mariniert und im Wok kurz angebraten. Das Geheimnis ist, sie nicht zu lange zu braten, sodass sie noch rosa und saftig ist.

marinierte hühnerleber

500 g frische Hühnerleber
1 EL Salz
3 Frühlingszwiebeln
3 EL Erdnussöl

MARINADE
3 EL helle Sojasauce
2 EL Ingwersaft (siehe Seite 13)
1 EL Mirin (japanischer süßer Reiswein), Shaoxing-Reiswein oder trockener Sherry
2 TL Sesamöl
1½ EL Zucker

 Kann im Voraus zubereitet werden. Leber und Frühlingszwiebeln separat und zugedeckt bis zu 6 Stunden im Kühlschrank aufbewahren.

1 Hühnerlebern halbieren. In eine große Schüssel legen und mit Salz gut vermischen. Lebern mit Wasser bedecken und 10 Minuten ziehen lassen. Dann waschen und mit Küchenkrepp gründlich trockentupfen.

2 In einer Schüssel alle Zutaten für die Marinade vermischen. Hühnerlebern hineingeben und alles gut vermengen. Bei Raumtemperatur 15 Minuten marinieren. Herausnehmen, Marinade aufbewahren.

3 Frühlingszwiebeln in 5 cm lange Stücke schneiden.

4 Wok bei starker Hitze heiß werden lassen, dann das Öl hineingießen. Sobald es leicht zu rauchen beginnt, Leber dazugeben und 2 Minuten unter Rühren braten.

5 Die beiseite gestellte Marinade und die Frühlingszwiebeln dazugeben. Weitere 2 Minuten rühren. Vom Herd nehmen und abkühlen lassen.

6 Die lauwarme Leber mit den Frühlingszwiebeln auf Spießchen stecken, nicht mehr als 3 oder 4 pro Stäbchen.

7 Auf eine vorgewärmte Platte legen und sofort servieren.

vorspeisen

FÜR 4 PERSONEN
VORBEREITUNGSZEIT: 3 MINUTEN
GARZEIT: 25 MINUTEN

Diese fein gewürzten Nüsse lassen sich leicht zubereiten und werden im Backofen geröstet. Die exotische Geschmacksnote, die ihnen der Curry verleiht, macht sie unwiderstehlich.

cashewnüsse in curry

2 EL Erdnussöl
2 EL Knoblauch, grob gehackt
250 g Cashewnüsse, ungesalzen
1 EL helle Sojasauce
1 EL Madras-Currypulver
Salz und schwarzer Pfeffer aus der Mühle nach Geschmack
½ TL Fünf-Gewürze-Pulver

1 Backofen auf 150 °C (Gas Stufe 2) vorheizen.

2 Wok heiß werden lassen, dann das Öl hineingießen. Sobald es heiß genug ist, Knoblauch und Nüsse dazugeben und etwa 30 Sekunden unter Rühren braten, bis sie braun werden. Die Sojasauce dazugeben und bei mittlerer Hitze etwa 2 Minuten unter Rühren kochen lassen, bis die Flüssigkeit verdampft ist.

3 Curry, Salz, Pfeffer und Fünf-Gewürze-Pulver dazugeben und alles gut vermischen, sodass die Nüsse mit der Gewürzmischung völlig bedeckt sind. Nüsse mit dem Schaumlöffel herausnehmen und auf ein Backblech verteilen.

4 Die Nüsse im Backofen 15 bis 20 Minuten rösten, bis sie hellbraun sind. Wenn sie abkühlen, werden sie knusprig.

5 Auf eine Platte geben und sofort servieren.

40 vorspeisen

suppen

41

FÜR 4 PERSONEN
VORBEREITUNGSZEIT: 10 MINUTEN
GARZEIT: 15 MINUTEN

Zitronengras ist ein perfektes Gewürz für die schnelle Küche, weil es ohne großen Aufwand aus gewöhnlicher Suppe eine Köstlichkeit macht. Sein belebender, erfrischender Geschmack veredelt jedes Gericht.

hühnerbrühe mit zitronengras

100 g Hühnerbrust, entbeint und gehäutet
2 Stängel Zitronengras
1,2 l Hühnerfond (siehe Seite 24/25)
1 EL Ingwerwurzel, geschält und fein gehackt
Salz und schwarzer Pfeffer aus der Mühle nach Geschmack
2 EL helle Sojasauce
2 Frühlingszwiebeln, in dünne Ringe geschnitten
etwas Koriandergrün

1 Hühnerfleisch in dünne, 7 bis 8 cm lange Scheiben schneiden.

2 Die grüne Hülle des Zitronengrases entfernen, das weiße Mark mit der Messerklinge flach drücken und in 7 bis 8 cm lange Stücke schneiden.

3 Den Hühnerfond im Wok aufkochen lassen und das Zitronengras dazugeben. Hitze reduzieren, zudecken und 10 Minuten köcheln lassen. Zitronengras mit dem Schaumlöffel herausnehmen und wegwerfen.

4 Hühnerfleisch, Ingwer, Salz, Pfeffer und Sojasauce dazugeben. Weitere 3 Minuten köcheln lassen.

5 Zuletzt Frühlingszwiebeln und Koriander unterrühren.

6 In eine Suppenterrine oder in Schalen füllen und sofort servieren.

FÜR 4 PERSONEN
VORBEREITUNGSZEIT: 15 MINUTEN
GARZEIT: 10 MINUTEN

Das ist eine schnell zubereitete, sehr schmackhafte Suppe. Wenn Sie zuvor noch nie mit Glasnudeln gekocht haben, lesen Sie die Erläuterungen in der Einführung.

rinderbrühe mit glasnudeln

50 g Glasnudeln
1,2 l Hühnerfond (siehe Seite 24/25)
175 g Rinderhackfleisch
1 EL helle Sojasauce
2 TL dunkle Sojasauce
1 EL Shaoxing-Reiswein oder trockener Sherry
2 TL Zucker
Salz und schwarzer Pfeffer aus der Mühle nach Geschmack
2 TL Speisestärke, mit 1 EL kaltem Wasser angerührt
2 TL Sesamöl

1 Nudeln 15 Minuten in heißes Wasser legen. Wenn sie weich sind, gut abtropfen lassen, Wasser wegschütten. Nudeln mit einer Schere auf 7 bis 8 cm Länge schneiden und beiseite stellen.

2 Hühnerfond in den Wok gießen und aufkochen lassen. Rindfleisch, Nudeln, Sojasauce, Reiswein oder Sherry, Zucker, Salz und Pfeffer dazugeben und Hitze reduzieren. Etwa 4 Minuten leise köcheln lassen.

3 Stärke dazugeben und alles unter Rühren weitere 3 Minuten köcheln lassen, bis die Suppe leicht eingedickt ist.

4 Zuletzt das Sesamöl einrühren.

5 In eine Suppenterrine oder in Schalen füllen und sofort servieren.

FÜR 4 PERSONEN
VORBEREITUNGSZEIT: 10 MINUTEN
GARZEIT: 15 MINUTEN

Diese Zeit sparende Variante einer thailändischen Suppe ist leicht zuzubereiten und schmeckt ganz großartig. Sie ist auch für Einladungen ideal. Wenn Sie es gern scharf mögen, geben Sie einen oder zwei Teelöffel Cayennepfeffer dazu.

würzige garnelensuppe

250 g Garnelen, roh und ungeschält, frisch oder tiefgefroren
1,2 l Hühnerfond (siehe Seite 24/25)
1–2 rote Chilischoten, entkernt und fein gehackt
Salz und schwarzer Pfeffer aus der Mühle nach Geschmack
2 EL Fischsauce oder helle Sojasauce
1 EL Limettenschale
2 EL Limettensaft
1–2 TL Cayennepfeffer (wahlweise)
etwas Koriandergrün

1 Tiefgefrorene Garnelen vollständig auftauen lassen. Garnelen schälen, mit einem kleinen scharfen Messer den dünnen Darm entfernen. Garnelen in kaltem Wasser waschen, gut abspülen und mit Küchenkrepp trockentupfen.

2 Hühnerfond im Wok zum Sieden bringen. Chilischoten, Salz, Pfeffer, Fischsauce oder Sojasauce, Limettenschale und Limettensaft dazugeben. Wenn Sie es scharf mögen, Cayennepfeffer unterrühren. Weitere 3 Minuten köcheln lassen.

3 Die Garnelen dazugeben, Wok zudecken und vom Herd nehmen. Mit geschlossenem Deckel 10 Minuten stehen lassen.

4 Zuletzt das gehackte Koriandergrün unterrühren.

5 In eine Suppenterrine oder in Schalen füllen und sofort servieren.

FÜR 2–4 PERSONEN
VORBEREITUNGSZEIT: 25 MINUTEN
GARZEIT: 15 MINUTEN

Bei dieser Suppe läuft einem das Wasser im Mund zusammen. Sie ist gesund und für sich ein vollwertiges Gericht. Ihr unverwechselbarer, köstlicher Geschmack wird auch eingeschworene Fleischesser überzeugen. Wenn sie völlig vegetarisch sein soll, verwenden Sie Gemüsefond.

reisnudelsuppe nach thai-art

175 g Reisbandnudeln oder Reisfadennudeln
1,2 l Hühnerfond oder Gemüsefond (siehe Seite 24–26)
1 EL helle Sojasauce
Salz nach Geschmack
1 EL Limettensaft
2 frische rote Chilischoten, entkernt und gehackt
2 TL Zucker
1 EL Erdnussöl
3 EL Knoblauch, grob gehackt

ZUM GARNIEREN
175 g frische Bohnensprossen
3 EL Frühlingszwiebeln, fein gehackt
etwas Koriandergrün

1 Reisnudeln in heißem Wasser 25 Minuten einweichen. Wenn sie weich sind, Wasser abgießen. Nudeln beiseite stellen.

2 In einem großen Topf den Fond zum Sieden bringen. Salz, Sojasauce, Limettensaft, Chilischoten und Zucker dazugeben. 10 Minuten köcheln lassen, dann die Reisnudeln dazugeben und weitere 2 Minuten simmern lassen.

3 Wok bei starker Hitze heiß werden lassen, dann das Öl hineingießen. Sobald es heiß genug ist, Knoblauch dazugeben und unter Rühren braten, bis er zu bräunen beginnt. Sofort herausnehmen und auf Küchenkrepp abtropfen lassen.

4 Suppe in eine Suppenterrine oder Schalen füllen, mit dem gerösteten Knoblauch bestreuen, mit Bohnensprossen, Frühlingszwiebeln und Koriander garnieren und sofort servieren.

FÜR 2–4 PERSONEN
VORBEREITUNGSZEIT: 5 MINUTEN
GARZEIT: 12 MINUTEN

Wenn ich es sehr eilig habe, ist das meine vegetarische Lieblingsspeise. Gemüse hat meist keinen besonders intensiven Eigengeschmack, aber in diesem Fall sorgen zerdrücktes Zitronengras und Ingwerwurzel für ein pikantes, erfrischendes Aroma.

vegetarische eierblumensuppe

2 Stängel Zitronengras
1,2 l Gemüsefond (siehe Seite 25/26)
Salz und schwarzer Pfeffer aus der Mühle nach Geschmack
2 TL Zucker
1 EL Limettensaft
1 Eiweiß
2 TL Sesamöl

ZUM GARNIEREN
etwas Koriandergrün
3 EL Frühlingszwiebeln, fein gehackt

1 Die Zitronengraszweige mit der flachen Klinge des Hackbeils oder eines schweren Küchenmessers zerdrücken.

2 Gemüsefond im Wok zum Sieden bringen. Zitronengras, Salz, Pfeffer, Zucker und Limettensaft dazugeben. 10 Minuten köcheln lassen. Zitronengras herausnehmen und wegwerfen.

3 Das Eiweiß in einer kleinen Schüssel leicht schlagen und mit dem Sesamöl vermischen. Langsam und in dünnem Faden in den Gemüsefond laufen lassen. Mit Essstäbchen oder einer Gabel das Eiweiß vorsichtig zu Fäden auseinander ziehen. (Nach meiner Erfahrung geht das am besten, wenn man das Eiweiß in Form einer 8 rührt.)

4 In eine Suppenterrine oder Schalen füllen, mit Koriander und Frühlingszwiebeln garnieren und sofort servieren.

FÜR 4 PERSONEN
VORBEREITUNGSZEIT: 10 MINUTEN
GARZEIT: 8 MINUTEN

Eine wohlschmeckende Suppe mit vielen bunten Einlagen, aber einfach zuzubereiten. Wenn Sie Gemüsefond verwenden, können Sie auch Ihre Vegetarier-Freunde dazu einladen.

tomaten-eierblumen-suppe mit tofu

250 g Tomaten, frisch oder aus der Dose
250 g Tofu, weich oder fest
   (siehe Seite 19)
1 Ei
2 TL Sesamöl
1,2 l Hühnerfond oder Gemüsefond
   (siehe Seite 24–26)
1 TL Zucker
1 TL Salz
1 EL helle Sojasauce
3 EL Frühlingszwiebeln, nur die weißen
   Teile, fein gehackt

ZUM GARNIEREN
3 EL Frühlingszwiebeln, nur die grünen
   Teile, fein gehackt

1 Frische Tomaten enthäuten, entkernen und in 2 cm große Würfel schneiden. Tomaten aus der Dose in kleine Stücke schneiden. Tofu vorsichtig in kleine Stücke schneiden. In einer kleinen Schüssel das Ei leicht schlagen und mit dem Sesamöl vermischen.

2 Fond in den Wok geben und zum Sieden bringen. Zucker, Salz und Sojasauce dazugeben und alles gut verrühren. Dann den Tofu dazugeben und 4 Minuten köcheln lassen.

3 Das mit Öl vermischte Ei langsam in dünnem Faden in den Fond laufen lassen. Mit Essstäbchen oder Gabel das Eiweiß vorsichtig zu Fäden auseinander ziehen (siehe Seite 48).

4 In eine Suppenterrine oder Schalen füllen, mit Frühlingszwiebeln garnieren und sofort servieren.

FÜR 4–6 PERSONEN
VORBEREITUNGSZEIT: 20 MINUTEN
GARZEIT: 10 MINUTEN

Zu meinen Favoriten der vietnamesischen Küche gehört Pho, eine nahrhafte Suppe aus Rindfleisch und Reisnudeln, die lange vor sich hinköchelt. Hier zeige ich Ihnen die Variante für Eilige, die sich an kalten Herbst- oder Wintertagen aufwärmen wollen.

vietnamesische pho-suppe

250 g Rinderhackfleisch
175 g Reisfadennudeln
1,2 l Hühnerfond (siehe Seite 24/25)
3 Sternanis, ganz
3 Gewürznelken, ganz
1 Stange Zimt
2 TL Fischsauce oder helle Sojasauce
1 TL Chili-Bohnen-Sauce
2 TL Zucker
weißer oder schwarzer Pfeffer aus der Mühle nach Geschmack

MARINADE
1 EL dunkle Sojasauce
2 TL Shaoxing-Reiswein oder trockener Sherry
1 TL Zucker
1 TL Sesamöl
1 TL Speisestärke

ZUM GARNIEREN
4 EL Frühlingszwiebeln, grob gehackt
eine Hand voll Basilikum, grob gehackt
eine Hand voll Koriandergrün, grob gehackt

1 Die Zutaten für die Marinade in einer Schüssel vermischen. Das Rindfleisch dazugeben, gut damit vermengen und im Kühlschrank 20 Minuten marinieren. Marinade abgießen.

2 Inzwischen die Reisnudeln in heißem Wasser 20 Minuten einweichen. Sobald sie weich sind, abtropfen lassen und beiseite stellen. Wasser wegschütten.

3 Hühnerfond in den Wok geben und zum Sieden bringen. Sternanis, Nelken und Zimtstange dazugeben und 3 Minuten köcheln lassen.

4 Das Rinderhackfleisch in den Hühnerfond geben und gut rühren, damit sich keine Klumpen bilden.

5 Die Fischsauce oder helle Sojasauce, die Chili-Bohnen-Sauce, Zucker und Pfeffer dazugeben und 2 Minuten köcheln lassen.

6 Die Reisnudeln dazugeben und weitere 3 Minuten garen.

7 Sternanis, Nelken und Zimt entfernen. Suppe in eine Suppenterrine oder in Schalen füllen, mit Frühlingszwiebeln, Basilikum und Koriander garnieren und sofort servieren.

suppen

FÜR 4 PERSONEN
VORBEREITUNGSZEIT: 15 MINUTEN
GARZEIT: 10 MINUTEN

Seit Jahrhunderten benutzen chinesische Köche Pflanzen, deren Gewebe der Struktur von Fleisch oder Fisch ähnlich ist, zu ihren Gerichten. Glasnudeln haben Biss und vermitteln in dieser Suppe mit ihren langen Fäden die Illusion von Haifischflossen, die ja auch nicht viel Geschmack besitzen.

vegetarische haifischflossensuppe

50 g Glasnudeln
1,2 l Gemüsefond (siehe Seite 25)
1 EL helle Sojasauce
2 EL dunkle Sojasauce
1 EL Shaoxing-Reiswein oder trockener Sherry
2 TL Zucker
Salz und schwarzer Pfeffer aus der Mühle nach Geschmack
2 TL Speisestärke, mit 1 EL kaltem Wasser angerührt
2 TL Sesamöl

1 Glasnudeln 15 Minuten in heißem Wasser einweichen. Sobald sie weich sind, Wasser abgießen, abtropfen lassen. Nudeln mit einer Schere auf 7 bis 8 cm Länge schneiden und beiseite stellen.

2 Gemüsefond im Wok aufkochen lassen. Hitze reduzieren und Nudeln, Sojasauce, Reiswein oder Sherry, Zucker, Salz und Pfeffer dazugeben. Etwa 4 Minuten köcheln lassen.

3 Die angerührte Stärke dazugeben und die Suppe unter Rühren weitere 3 Minuten köcheln lassen, bis sie leicht eingedickt ist.

4 Zuletzt das Sesamöl dazugeben und gut unterrühren.

5 In eine Suppenterrine oder in Schalen füllen und sofort servieren.

fisch und schalentiere

FÜR 4–6 PERSONEN
VORBEREITUNGSZEIT: 5 MINUTEN
GARZEIT: 7 MINUTEN

Muscheln sind preiswert, und die Vorbereitung beschränkt sich auf eine schnelle Reinigung mit der Bürste unter fließendem Wasser. Mir gefällt besonders, dass es nur wenige Minuten dauert, bis sie aus dem Topf auf den Tisch kommen. Verdoppeln Sie die Mengen, wenn Sie mehr Gäste erwarten.

miesmuscheln mit ingwer

1½ EL Erdnussöl
3 EL Knoblauch, grob gehackt
2 EL Ingwerwurzel, fein gehackt
3 EL Frühlingszwiebeln, grob gehackt
1,5 kg Miesmuscheln, gereinigt
1 EL helle Sojasauce
3 EL Wasser

ZUM GARNIEREN
etwas Koriandergrün

1 Wok bei starker Hitze heiß werden lassen, dann das Öl hineingießen. Sobald es leicht zu rauchen beginnt, Knoblauch, Ingwer und Frühlingszwiebeln dazugeben. 20 Sekunden unter Rühren braten.

2 Die Muscheln ins Öl geben und 1 Minute unter Rühren braten.

3 Sojasauce und Wasser dazugeben. Zudecken und etwa 5 Minuten köcheln lassen, bis alle Muscheln offen sind.

4 Noch einmal gut umrühren, dann die Muscheln in eine Suppenterrine oder in Teller geben. Mit Koriander garnieren und sofort servieren.

FÜR 4 PERSONEN
VORBEREITUNGSZEIT: 5 MINUTEN
GARZEIT: 6 MINUTEN

Garnelen sind einfach zubereitete Meeresfrüchte. Ich kenne niemanden, der diese saftigen, schmackhaften Schalentiere nicht mag. In diesem Rezept verwende ich Olivenöl und kombiniere Zutaten der asiatischen und der europäischen Küche, was eine besondere Geschmacksnote ergibt.

garnelen in knoblauch

500 g Garnelen, roh und ungeschält, frisch oder tiefgefroren
2 EL Olivenöl
3 EL Knoblauch, in dünne Scheiben geschnitten
125 g Zwiebeln, in Scheiben geschnitten
Salz und schwarzer Pfeffer aus der Mühle nach Geschmack
2 TL Zucker

1 Tiefgefrorene Garnelen vollständig auftauen lassen. Garnelen schälen, mit einem kleinen scharfen Messer den dünnen Darm entfernen. Garnelen waschen, abtropfen lassen und mit Küchenkrepp trockentupfen.

2 Wok bei starker Hitze heiß werden lassen, dann das Öl hineingießen. Sobald es leicht zu rauchen beginnt, Knoblauch und Zwiebeln dazugeben. Etwa 2 Minuten unter Rühren braten, bis sie goldbraun sind.

3 Garnelen, Salz, Pfeffer und Zucker dazugeben und etwa 4 Minuten unter Rühren braten, bis die Garnelen rosa sind.

4 Garnelen auf eine vorgewärmte Platte geben und sofort servieren.

fisch und schalentiere

FÜR 4 PERSONEN
VORBEREITUNGSZEIT: 20 MINUTEN
GARZEIT: 12 MINUTEN

Garnelen im Wok zu braten ist wohl eine der einfachsten Arten, eine schnelle, aber elegante Mahlzeit auf den Tisch zu bekommen. Der Einfachheit halber benutze ich in diesem Rezept normalen Schnittlauch anstelle des traditionellen chinesischen.

garnelen mit schnittlauch

500 g Garnelen, roh und ungeschält
2 EL Erdnussöl
250 g Zwiebeln, in dicke Scheiben geschnitten
1 TL Salz
weißer Pfeffer aus der Mühle nach Geschmack
2 TL Sesamöl
1 Bund Schnittlauch, in 2 cm lange Stücke geschnitten

MARINADE
1 TL Sesamöl
Salz und schwarzer Pfeffer aus der Mühle

V Kann im Voraus zubereitet werden. Die Garnelen zugedeckt bis zu 2 Stunden im Kühlschrank aufbewahren.

1 Tiefgefrorene Garnelen vollständig auftauen lassen. Garnelen schälen, mit einem kleinen scharfen Messer den dünnen Darm entfernen. Garnelen waschen, abtropfen lassen und mit Küchenkrepp trockentupfen.

2 Die Zutaten für die Marinade in einer Schüssel vermischen. Die Garnelen hineingeben, alles gut vermischen und 15 Minuten im Kühlschrank marinieren. Marinade abgießen. **V**

3 Wok bei starker Hitze heiß werden lassen, dann das Öl hineingießen. Sobald es leicht zu rauchen beginnt, Zwiebeln dazugeben und in 3 bis 4 Minuten unter Rühren goldbraun braten.

4 Garnelen, Salz und Pfeffer dazugeben und etwa 4 Minuten unter Rühren braten, bis die Garnelen rosa sind.

5 Das Sesamöl unterrühren, die Mischung gut rühren und weitere 3 Minuten unter Rühren braten.

6 Zuletzt den Schnittlauch dazugeben und noch 1 Minute unter Rühren braten.

7 Garnelen auf eine vorgewärmte Platte geben und sofort servieren.

FÜR 4 PERSONEN
VORBEREITUNGSZEIT: 10 MINUTEN
GARZEIT: 8 MINUTEN

Ich serviere dieses schnelle und einfache Garnelengericht gern mit Fünf-Gewürze-Pommes (siehe Seite 124) und Salat. Es schmeckt aber genauso gut, wenn man die Garnelen nur mit Zitronensaft beträufelt. Garen Sie die Garnelen in Portionen, damit sie gar und knusprig werden.

knusprige garnelen im teigmantel

500 g Garnelen, roh und ungeschält, frisch oder tiefgefroren
0,5 l Erdnussöl
Zitronenachtel

AUSBACKTEIG
50 g Speisestärke
25 g Mehl
1 TL Backpulver
1 TL Cayennepfeffer (wahlweise)
1 TL Madras-Currypulver
Salz und schwarzer Pfeffer aus der Mühle nach Geschmack
1 TL Sesamöl
100 ml Wasser

1 Tiefgefrorene Garnelen vollständig auftauen lassen. Garnelen schälen, mit einem kleinen scharfen Messer den dünnen Darm entfernen. Garnelen waschen, abtropfen lassen und mit Küchenkrepp trockentupfen.

2 Die Zutaten für den Ausbackteig in einer Schüssel vermischen und glatt rühren. Die Garnelen gut mit dem Teig vermischen.

3 Wok bei starker Hitze heiß werden lassen, dann das Öl hineingießen. Sobald es leicht zu rauchen beginnt, Hitze reduzieren. Die Garnelen mit einem Schaumlöffel aus dem Teig heben und in mehreren Portionen frittieren, bis sie goldgelb sind. Herausnehmen und auf Küchenkrepp abtropfen lassen. Alle Garnelen auf diese Weise zubereiten.

4 Wenn alles gegart ist, auf eine vorgewärmte Platte geben und mit Zitronenachteln sofort servieren.

FÜR 4 PERSONEN
VORBEREITUNGSZEIT: 5 MINUTEN
GARZEIT: 15 MINUTEN

Dämpfen ist eine der gesündesten Zubereitungsarten und die beste für zarte Jakobsmuscheln. Im heißen Wasserdampf garen sie sanft ohne zu verkochen. Mit chinesischen schwarzen Bohnen als Beilage ergeben sie ein schmackhaftes Gericht. Und mit diesem Rezept geht es besonders schnell.

jakobsmuscheln mit schwarzen bohnen

500 g frische Jakobsmuscheln mit dem Corail
2 EL schwarze Bohnen, gehackt
2 EL Knoblauch, grob gehackt
2 EL Ingwerwurzel, fein gehackt
1 EL Shaoxing-Reiswein oder trockener Sherry
1 EL helle Sojasauce
Salz und schwarzer Pfeffer aus der Mühle nach Geschmack

ZUM GARNIEREN
etwas Koriandergrün

1 Den festen Muskel der Jakobsmuscheln entfernen und wegwerfen. Muscheln auf einem Teller verteilen. Schwarze Bohnen, Knoblauch, Ingwer, Reiswein oder Sherry, Sojasauce, Salz und Pfeffer in einer kleinen Schüssel vermischen. Gleichmäßig über die Muscheln verteilen.

2 Dämpfkorb in den Wok stellen oder Gitter einhängen. Den Wok 5 cm hoch mit Wasser füllen und bei starker Hitze zum Kochen bringen. Jakobsmuscheln in den Korb oder auf das Wokgitter legen. Hitze reduzieren und Wok zudecken. Je nach Größe Jakobsmuscheln 12 bis 15 Minuten sanft dämpfen. Gegart sollten sie sich eben fest anfühlen.

3 Auf eine vorgewärmte Platte geben, mit Koriandergrün garnieren und sofort servieren.

FÜR 4 PERSONEN
VORBEREITUNGSZEIT: 20 MINUTEN
GARZEIT: 10 MINUTEN

Gurke als Beilage zu Garnelen mag Ihnen ungewöhnlich vorkommen, sind aber eine hervorragende Ergänzung. Zudem garen Gurken und Garnelen beide sehr schnell.

garnelen mit gurke

500 g Gurke (ca. 1 Stück)
2 TL Salz
500 g Garnelen, roh und ungeschält, frisch oder tiefgefroren
2 EL Erdnussöl
3 EL Knoblauch, grob gehackt
2 TL Ingwerwurzel, fein gehackt
Salz und schwarzer Pfeffer aus der Mühle nach Geschmack
2 TL Sesamöl

MARINADE
1 TL Sesamöl
Salz und weißer Pfeffer aus der Mühle nach Geschmack

1 Gurke schälen, der Länge nach halbieren und mit einem Teelöffel die Kerne herausschaben. In 2 bis 3 cm große Würfel schneiden. Mit dem Salz bestreuen und gut vermischen. In einem Sieb 20 Minuten abtropfen lassen. Das Salz entzieht der Gurke überschüssige Flüssigkeit.

2 Inzwischen die Garnelen zubereiten. Tiefgefrorene Garnelen vollständig auftauen lassen. Garnelen schälen, mit einem kleinen scharfen Messer den dünnen Darm entfernen. Garnelen waschen, abtropfen lassen und mit Küchenkrepp trockentupfen. In einer großen Schüssel die Zutaten für die Marinade vermischen. Garnelen hineingeben und alles gut vermischen. Im Kühlschrank 15 Minuten marinieren. Marinade abgießen.

3 Die Gurkenwürfel mit kaltem Wasser gründlich abspülen und mit Küchenkrepp trockentupfen.

4 Wok bei starker Hitze heiß werden lassen, dann das Öl hineingießen. Sobald das Öl leicht zu rauchen beginnt, Knoblauch, Ingwer und Gurkenwürfel dazugeben und 3 Minuten unter Rühren braten.

5 Garnelen, Salz und Pfeffer dazugeben und etwa 4 Minuten unter Rühren braten, bis die Garnelen rosa sind.

6 Das Sesamöl untermischen, gut rühren und weitere 3 Minuten ungestört köcheln lassen.

7 Auf eine vorgewärmte Platte geben und sofort servieren.

FÜR 4 PERSONEN
VORBEREITUNGSZEIT: 20 MINUTEN
GARZEIT: 8 MINUTEN

Garnelen sind schnell zubereitet und schmecken gut. Ihr Fleisch ist fest und saftig, kein Wunder, dass man gern danach greift. Sie vertragen sich auch gut mit anderen Aromen wie Koriander und Orange – das klingt ungewöhnlich, ist aber wirklich köstlich.

garnelen mit koriander und orange

500 g Garnelen, roh und ungeschält, frisch oder tiefgefroren
1 EL Erdnussöl
1 EL Olivenöl
Salz und weißer Pfeffer aus der Mühle nach Geschmack
2 EL unbehandelte Orangenschale, fein gehackt
2 TL Sesamöl
3 EL Koriandergrün, fein gehackt

MARINADE
1 TL Sesamöl
Salz und schwarzer Pfeffer aus der Mühle nach Geschmack

1 Tiefgefrorene Garnelen vollständig auftauen lassen. Garnelen schälen, mit einem kleinen scharfen Messer den dünnen Darm entfernen. Garnelen waschen, abtropfen lassen und mit Küchenkrepp trockentupfen. In einer großen Schüssel die Zutaten für die Marinade vermischen. Garnelen dazugeben, gut vermischen und im Kühlschrank 15 Minuten marinieren. Marinade abgießen.

2 Wok bei starker Hitze sehr heiß werden lassen, dann Erdnussöl und Olivenöl hineingießen. Sobald das Öl leicht zu rauchen beginnt, die Garnelen mit Salz, Pfeffer und Orangenschale dazugeben und etwa 4 Minuten unter Rühren braten, bis sie rosa sind.

3 Sesamöl einrühren und alles weitere 3 Minuten unter Rühren braten.

4 Zuletzt den Koriander dazugeben und noch 1 Minute unter Rühren braten.

5 Auf eine vorgewärmte Platte geben und sofort servieren.

fisch und schalentiere

FÜR 2–4 PERSONEN
VORBEREITUNGSZEIT: 5 MINUTEN
GARZEIT: 16 MINUTEN

Frischer Fisch ist eines der gesündesten Gerichte, die man im Wok schnell zubereiten kann. Hier wird er mit einer einfachen Tomatensauce serviert, die genauso schnell zu machen ist. Wegen der Tomaten verwende ich Olivenöl.

bratfisch mit pikanter tomatensauce

500 g Seefischfilet mit festem weißem Fleisch (z. B. Kabeljau, Barsch, Heilbutt), entgrätet, gehäutet, in vier gleich großen Stücken
Salz und schwarzer Pfeffer aus der Mühle nach Geschmack
Mehl zum Bestäuben
450 g ganze Tomaten (Dose)
3 EL Olivenöl
3 EL Knoblauch, grob gehackt
2 EL Schalotten, fein gehackt
1 EL Shaoxing-Reiswein oder trockener Sherry
1 EL helle Sojasauce
1 EL Chili-Bohnen-Sauce
2 TL Zucker

ZUM GARNIEREN
einige Basilikumblätter

1 Fischfleisch mit Küchenkrepp trockentupfen. Gleichmäßig mit Salz und Pfeffer bestreuen, in Mehl wenden, überschüssiges Mehl abschütteln. Den Saft der Tomaten abgießen und die Hälfte davon aufbewahren, die Früchte in kleine Stücke schneiden.

2 Wok bei starker Hitze heiß werden lassen, dann das Olivenöl hineingießen. Sobald es heiß genug ist, die Fischfilets dazugeben und je nach Dicke 3 bis 5 Minuten braten. Umdrehen und auf der anderen Seite ebenfalls 3 bis 5 Minuten braten. Herausnehmen und mit Küchenkrepp trockentupfen. Auf eine vorgewärmte Platte geben.

3 Das Öl im Wok bis auf 1 Esslöffel abgießen, Knoblauch und Schalotten dazugeben und 1 Minute unter Rühren braten.

4 Tomaten, Tomatensaft, Reiswein oder Sherry, Sojasauce, Chili-Bohnen-Sauce und Zucker dazugeben und 5 Minuten köcheln lassen.

5 Sauce über den Fisch gießen, mit Basilikum garnieren und sofort servieren.

fisch und schalentiere

FÜR 4 PERSONEN
VORBEREITUNGSZEIT: 5 MINUTEN
GARZEIT: 5–15 MINUTEN,
   JE NACH FISCHART

Fisch zu dämpfen ist nicht nur gesund, es geht auch schnell. Bei diesem einfachen Rezept bleiben der feine Geschmack erhalten und der Fisch saftig. In der asiatischen Fischküche spielt Ingwer die gleiche Rolle wie Zitrone in der europäischen; er bildet ein Gegengewicht zum Fischgeschmack.

gedämpfter fisch mit ingwer

500 g Seefischfilet mit festem weißem Fleisch (z. B. Kabeljau, Scholle), entgrätet, gehäutet, in vier gleich großen Stücken, oder ein ganzer Fisch (z. B. Seezunge, Barsch, Steinbutt)
Meersalz oder normales Salz nach Geschmack
2 EL Ingwerwurzel, in feinen Streifen
1 EL Orangenschale, in feinen Streifen
1 EL Zitronenschale, in feinen Streifen
3 EL Frühlingszwiebeln, in dünnen Ringen
einige Basilikumblätter
2 EL helle Sojasauce
1 EL Erdnussöl
1 EL Olivenöl

1 Den ganzen Fisch oder das Fischfleisch mit Küchenkrepp trockentupfen und beide Seiten gleichmäßig mit Salz einreiben. Auf einen Teller legen, Ingwer, Orangen- und Zitronenschale gleichmäßig darüber streuen.

2 Dämpfkorb in den Wok stellen oder Gitter einhängen. 5 cm hoch Wasser in den Wok gießen. Wasser bei starker Hitze zum Kochen bringen. Den Teller mit dem Fisch in den Korb oder auf das Gitter stellen. Wok zudecken und den Fisch bei mittlerer Hitze dämpfen, bis er eben gar ist. Dünne Filets brauchen etwa 5 Minuten, ganze Fische oder dicke Filets wie von Kabeljau oder Barsch 12 bis 14 Minuten. Der Fisch ist gar, wenn er nicht mehr glasig aussieht und sich die Muskelschichten zu trennen beginnen.

3 Fisch herausnehmen und auf eine vorgewärmte Platte geben. Mit Frühlingszwiebeln, Basilikum und Sojasauce bestreuen bzw. beträufeln.

4 Zur Vervollständigung des Gerichts die beiden Ölsorten in einem Pfännchen erhitzen, bis das Öl zu rauchen beginnt. Über den Fisch gießen und sofort servieren.

FÜR 4 PERSONEN
VORBEREITUNGSZEIT: 25 MINUTEN
GARZEIT: 10 MINUTEN

Eine köstliche, trotzdem einfache Kombination, Fisch und Spinat ergänzen sich vortrefflich. Das Gericht ist nicht nur schnell zuzubereiten, sondern auch ein ausgezeichneter Hauptgang für ein kleines Gästeessen.

fisch mit spinat

500 g Seefischfilet mit festem weißem Fleisch (z. B. Kabeljau, Barsch, Heilbutt), entgrätet, gehäutet, in vier gleich großen Stücken
2 EL Salz
750 g frischer Spinat
4 EL Erdnussöl
2 EL Knoblauch, grob gehackt
1 TL feiner Zucker
2 TL Sesamöl

V Kann im Voraus zubereitet werden. Fisch zugedeckt bis zu 2 Stunden, Spinat zugedeckt bis zu 6 Stunden im Kühlschrank aufbewahren.

1 Fischfleisch mit Küchenkrepp trockentupfen. In 2 bis 3 cm breite Streifen schneiden. Auf einen Teller legen und gleichmäßig mit Salz bestreuen. 20 Minuten in den Kühlschrank stellen.

2 Spinat gründlich waschen, das Wasser mindestens zweimal wechseln. Im Sieb gut abtropfen lassen. Stiele entfernen und nur die Blätter behalten. **V**

3 Wok bei starker Hitze heiß werden lassen. 3 Esslöffel Erdnussöl hineingießen. Sobald das Öl leicht zu rauchen beginnt, Hitze reduzieren und die Fischstreifen hineinlegen. Etwa 2 Minuten ungestört braten lassen. Vorsichtig wenden und auf der anderen Seite 2 Minuten bräunen. Aufpassen, dass der Fisch nicht zerfällt. Herausnehmen und mit Küchenkrepp trockentupfen.

4 Wok wieder erhitzen und das restliche Erdnussöl hineingießen. Knoblauch und etwas Salz dazugeben und in 20 Sekunden unter Rühren bräunen. Den Spinat in zwei Portionen dazugeben. Etwa 2 Minuten unter Rühren braten, bis die Blätter mit Öl, Knoblauch und Salz überzogen sind.

5 Wenn der Spinat auf etwa ein Drittel seines Volumens zusammengefallen ist, Zucker dazugeben und weitere 2 Minuten unter Rühren braten.

6 Fisch wieder in den Wok geben, vorsichtig unter den Spinat heben und etwa 1 Minute erhitzen. Das Sesamöl dazugeben und noch einmal umrühren.

7 Fisch und Spinat mit dem Bratenheber herausnehmen, auf eine vorgewärmte Platte geben und sofort servieren.

fisch und schalentiere

FÜR 4 PERSONEN
VORBEREITUNGSZEIT: 5 MINUTEN
GARZEIT: 12 MINUTEN

Heißer Wasserdampf hält Austern saftig und verhindert, dass sie austrocknen. Darüber hinaus ist Dämpfen gesund und geht schnell. Wenn Sie kein Austernmesser besitzen, tut es auch ein normales, stabiles Messer. Verzweifeln Sie nicht, wenn Sie die Austern nicht aufbekommen; beim Dämpfen tun sie das von selbst.

gedämpfte austern in ingwersauce

16 große frische Austern

SAUCE
4 EL Frühlingszwiebeln, nur weiße Teile, fein gehackt
2 TL Ingwerwurzel, fein gehackt
Salz und schwarzer Pfeffer aus der Mühle nach Geschmack
2 TL Sesamöl

ZUM GARNIEREN
etwas Koriandergrün

1 Austern putzen und mit dem Austernmesser öffnen. Menge halbieren und auf zwei Teller legen; sie werden separat gedämpft.

2 Dämpfkorb in den Wok stellen oder Gitter einhängen. 5 cm hoch Wasser in den Wok gießen und bei starker Hitze zum Kochen bringen. Eine Portion Austern mit dem Teller in den Korb oder aufs Gitter stellen. Hitze reduzieren und Wok zudecken. Austern 5 bis 6 Minuten sanft dämpfen.

3 Inzwischen alle Zutaten für die Sauce in einer Schüssel gut vermischen.

4 Die erste Portion Austern aus dem Wok nehmen und auf eine vorgewärmte Platte geben. Jede Auster mit etwas Sauce beträufeln, die restliche Sauce für die zweite Portion aufheben. Mit Koriandergrün garnieren und sofort servieren.

5 Für die zweite Portion Schritte 2 bis 4 wiederholen.

fisch und schalentiere

FÜR 4 PERSONEN
VORBEREITUNGSZEIT: 5 MINUTEN
GARZEIT: 4 MINUTEN

Frischer Thunfisch, im Wok kurz angebraten, gilt vielen Feinschmeckern als Leckerbissen. Ein ideales Gericht für die schnelle Küche. Es sind nur zwei Dinge zu beachten: Thunfisch wird rasch trocken, wenn man ihn zu lange gart, und man muss auf beste Qualität achten.

pikanter thunfisch

4 Thunfischsteaks, je etwa 100 g
3 EL Olivenöl

WÜRZMISCHUNG
1 TL Cayennepfeffer (wahlweise)
1 TL Madras-Currypulver
1 TL Zucker
Salz und schwarzer Pfeffer aus
   der Mühle nach Geschmack

ZUM GARNIEREN
etwas Koriandergrün

1 Thunfischsteaks auf eine Platte legen. In einer Schüssel die Zutaten für die Würze gut vermischen. Thunfisch beidseitig damit bestreuen.

2 Wok bei starker Hitze heiß werden lassen, dann das Öl hineingießen. Sobald es leicht zu rauchen beginnt, Thunfischscheiben hineinlegen und auf einer Seite 2 Minuten braten.

3 Wenden und auf der anderen Seite ebenfalls 2 Minuten braten. Das Thunfischfleisch soll innen roh bleiben.

4 Auf eine vorgewärmte Platte geben, mit Koriandergrün garnieren und sofort servieren.

74 fisch und schalentiere

geflügel

FÜR 4 PERSONEN
VORBEREITUNGSZEIT: 35 MINUTEN
GARZEIT: 35 MINUTEN

Das ist die verfeinerte Variante eines populären Gerichts aus einem meiner Restaurants. Der erste Teil des Rezepts kann einige Stunden im Voraus zubereitet werden: Man stellt die Hühnerschenkel nach dem Backen (Schritt 3) in den Kühlschrank und verlängert in Schritt 8 die Garzeit um 3 bis 4 Minuten.

süsses ingwerhuhn

500 g Hühnerschenkel, entbeint und gehäutet
1 EL Erdnussöl
2 TL Sesamöl
3 EL Ingwerwurzel, grob gehackt
2 EL dunkle Sojasauce
2 EL Zucker
Salz und schwarzer Pfeffer aus der Mühle nach Geschmack
150 ml Hühnerfond (siehe Seite 24/25)
2 EL Shaoxing-Reiswein oder trockener Sherry

MARINADE
2 TL helle Sojasauce
1 TL dunkle Sojasauce
1 EL Shaoxing-Reiswein oder trockener Sherry
Salz und schwarzer Pfeffer aus der Mühle nach Geschmack
1 TL Sesamöl
2 EL Speisestärke

ZUM GARNIEREN
3 EL Frühlingszwiebeln, fein gehackt

1 Hühnerfleisch in etwa 5 cm große Stücke schneiden. In einer großen Schüssel die Zutaten für die Marinade vermischen, das Fleisch dazugeben und gut vermengen, damit alle Teile überzogen werden. Bei Raumtemperatur 30 Minuten marinieren.

2 Backofen auf 240 °C (Gas Stufe 5) vorheizen. Marinade abgießen. Fleischstücke auf ein Backblech legen.

3 Erdnuss- und Sesamöl vermischen und über die Fleischstücke gießen. Im Backofen etwa 15 Minuten backen, bis sie goldbraun sind. Mit dem Bratwender herausnehmen, Fett abtropfen lassen, Fleisch auf Küchenkrepp legen.

4 Den Wok bei starker Hitze heiß werden lassen. Den Ingwer im trockenen Wok unter Rühren braten, bis er knusprig ist; das dauert etwa 1 Minute.

5 Sojasauce, Zucker, Salz, Pfeffer und Hühnerfond dazugeben und 1 Minute unter Rühren schmoren. Hitze reduzieren, Wok zudecken und 8 Minuten köcheln lassen.

6 Deckel abnehmen, Wok stark erhitzen und Sauce auf die Hälfte einkochen lassen; dabei gelegentlich rühren.

7 Wenn die Sauce eingekocht ist, Reiswein oder Sherry dazugießen und weitere 2 Minuten unter Rühren schmoren.

8 Das Geflügelfleisch dazugeben und 3 bis 4 Minuten unter Rühren erhitzen.

9 Auf eine vorgewärmte Platte geben, mit Frühlingszwiebeln garnieren und sofort servieren.

geflügel

FÜR 4 PERSONEN
VORBEREITUNGSZEIT: 35 MINUTEN
GARZEIT: 10 MINUTEN

In Backteig frittiertes Hühnchen kommt immer gut an. Mit der Sauce aus Frühlingszwiebeln und Ingwer schmeckt es noch köstlicher. Das Marinieren kann man schon einige Stunden im Voraus erledigen, desgleichen die Vorbereitung der Sauce und des Teigs. Die Zutaten können bis zu 4 Stunden im Kühlschrank stehen.

backhuhn mit zwiebel-ingwer-sauce

500 g Hühnerschenkel, entbeint und gehäutet
0,5 l Erdnussöl

MARINADE
Salz und schwarzer Pfeffer aus der Mühle
1 TL Sesamöl
1 TL helle Sojasauce
1 TL Shaoxing-Reiswein oder Sherry
1 TL Speisestärke

SAUCE
4 EL Frühlingszwiebeln, nur das Weiße, fein gehackt
2 TL Ingwerwurzel, fein gehackt
Salz nach Geschmack
2 EL Erdnussöl

AUSBACKTEIG
50 g Speisestärke
25 g Mehl
1 TL Backpulver
1 TL Natriumbicarbonat
Salz und schwarzer Pfeffer aus der Mühle
1 TL Erdnussöl
6 EL Wasser

1 Hühnerfleisch in 2 bis 3 cm große Stücke schneiden. In einer Schüssel die Zutaten für die Marinade vermischen, das Fleisch dazugeben und gut vermengen, damit alle Teile überzogen werden. Im Kühlschrank 30 Minuten marinieren.

2 Inzwischen für die Sauce in einer kleinen Schüssel Frühlingszwiebeln, Ingwer und Salz gut vermischen.

3 Die Zutaten für den Teig in einer mittelgroßen Schüssel mit dem Schneebesen glatt rühren. Marinade abgießen. Fleischstücke in den Teig geben und gut vermengen.

4 Wok bei starker Hitze heiß werden lassen, dann 2 Esslöffel Erdnussöl hineingeben. Wenn es leicht zu rauchen beginnt, in die Schüssel mit den übrigen Zutaten für die Sauce gießen und gut vermischen.

5 Wok erneut auf großer Hitze heiß werden lassen, dann 0,5 l Erdnussöl hineingießen. Wenn es leicht zu rauchen beginnt, Hitze reduzieren. Hühnerfleisch mit dem Schaumlöffel aus dem Teig heben und in mehreren Portionen goldbraun frittieren. Nach dem Garen jede Portion zum Abtropfen auf eine mit Küchenkrepp ausgelegte Platte geben.

6 Wenn die letzte Portion frittiert ist, Fleischstücke auf eine vorgewärmte Platte geben, nach Wunsch mit Frühlingszwiebeln garnieren und mit der Sauce sofort servieren.

FÜR 4 PERSONEN
VORBEREITUNGSZEIT: 20 MINUTEN
GARZEIT: 8 MINUTEN

Ganze Entenbrustfilets gibt es heute in vielen Supermärkten. Weil das Fleisch zart ist und schnell gart, sollte man es ähnlich wie Roastbeef servieren, nämlich innen rosa. Dieses Gericht ist schnell zubereitet und macht Eindruck ohne viel Arbeit und große Umstände.

würzige ente mit austernsauce

500 g Entenbrust, entbeint und gehäutet
3 EL Erdnussöl
3 EL Knoblauch, grob gehackt
250 g Zwiebeln, in Scheiben geschnitten
3 EL Austernsauce
1 EL Shaoxing-Reiswein oder trockener Sherry
1 TL Zucker
etwas Koriandergrün

MARINADE
2 TL helle Sojasauce
2 TL Shaoxing-Reiswein oder trockener Sherry
2 TL Sesamöl
Salz und schwarzer Pfeffer aus der Mühle nach Geschmack
2 TL Speisestärke

1 Entenbrust in etwa 1 cm dicke Scheiben schneiden. In einer Schüssel die Zutaten für die Marinade verrühren. Fleisch hineingeben, gut vermengen und bei Raumtemperatur 15 Minuten marinieren. Marinade abgießen.

2 Wok bei starker Hitze sehr heiß werden lassen, dann das Öl hineingießen. Sobald es leicht zu rauchen beginnt, das Fleisch hineingeben und etwa 2 Minuten unter Rühren braten. Nach dem Garen sollte das Entenfleisch noch rosa sein. Herausnehmen und in einem Sieb abtropfen lassen.

3 Das Öl bis auf 1½ Esslöffel abgießen. Wok wieder stark erhitzen. Knoblauch und Frühlingszwiebeln hineingeben und etwa 3 Minuten unter Rühren braten, bis sie braun und weich sind.

4 Hitze reduzieren. Austernsauce, Reiswein oder Sherry sowie Zucker zugeben und 2 Minuten unter Rühren schmoren.

5 Entenfleisch wieder in den Wok geben. Mit der Sauce gut verrühren und den Koriander darunter heben.

6 Auf eine vorgewärmte Platte geben und sofort servieren.

FÜR 4 PERSONEN
VORBEREITUNGSZEIT: 5 MINUTEN
GARZEIT: 8 MINUTEN

Nichts ist schneller und einfacher zubereitet als Hühnchen in einem heißen Wok. Die große Hitze bräunt es rasch und verleiht ihm einen angenehm rauchigen Geschmack. Aromatisches Basilikum sorgt für eine zusätzliche pikante Note.

hühnchen mit basilikum

500 g Hühnerbrust, entbeint und gehäutet
2 EL Erdnussöl
3 EL Knoblauch, grob gehackt
1 TL Ingwerwurzel, fein gehackt
4 EL Hühnerfond (siehe Seite 24/25)
1 EL helle Sojasauce
2 TL Zucker
2 TL Chili-Bohnen-Sauce
2 TL Sesamöl
einige Basilikumblätter

1 Geflügelfleisch in etwa 4 cm lange und 1 cm dicke Streifen schneiden.

2 Wok bei starker Hitze heiß werden lassen, dann das Öl hineingießen. Sobald es heiß ist, Knoblauch und Ingwer dazugeben und 20 Sekunden unter Rühren braten.

3 Die Fleischstreifen dazugeben und 2 Minuten unter Rühren braten.

4 Hühnerfond, Sojasauce, Zucker und Chili-Bohnen-Sauce dazugeben und gut vermischen. Hitze reduzieren und etwa 5 Minuten köcheln lassen.

5 Sesamöl und Basilikum dazugeben und alles gut vermischen.

6 Auf eine vorgewärmte Platte geben und sofort servieren.

FÜR 4 PERSONEN
VORBEREITUNGSZEIT: 15 MINUTEN
GARZEIT: 8 MINUTEN

Das ist die schnelle Version eines Rezepts nach Hongkong-Art. Die Gäste wickeln ein Stück Hühnchenfleisch in ein Salatblatt und essen es mit den Fingern. Ein ideales Gericht für Leute, die gern aus der Hand essen und Spaß dabei haben – also auch für Kinder.

hühnchen im salatblatt

300 g Hühnchenbrust, entbeint und gehäutet
1½ EL Erdnussöl
2 EL Knoblauch, grob gehackt
50 g Cashewnüsse, grob gehackt
50 g geräucherte Austern (Dose), fein gehackt
2 EL gekochter Schinken, grob gehackt
1 EL Ingwerwurzel, fein gehackt
3 EL Koriandergrün, fein gehackt
50 g Bambussprossen (Dose), fein gehackt
50 g Wasserkastanien (Dose), fein gehackt
3 EL Frühlingszwiebeln, fein gehackt
5 EL Austernsauce
2 TL Zucker
Salz und schwarzer Pfeffer aus der Mühle nach Geschmack

BEILAGE
250 g Eissalat, in Blätter geteilt

1 Gemüse vorbereiten. Geflügelfleisch in kleine Würfel (5 mm) schneiden.

2 Wok heiß werden lassen, dann das Öl hineingießen. Wenn es leicht zu rauchen beginnt, den Knoblauch dazugeben und 20 Sekunden unter Rühren braten. Das Geflügelfleisch dazugeben und 1 Minute unter Rühren braten.

3 Cashewnüsse, Austern, Schinken, Ingwer, Koriander, Bambussprossen, Wasserkastanien und Frühlingszwiebeln dazugeben und etwa 3 Minuten unter Rühren braten.

4 Austernsauce, Zucker, Salz und Pfeffer dazugeben und weitere 3 Minuten unter Rühren schmoren.

5 Auf eine vorgewärmte Platte geben und mit Salatblättern auf einem separaten Teller sofort servieren.

FÜR 4 PERSONEN
VORBEREITUNGSZEIT: 5 MINUTEN
GARZEIT: 20 MINUTEN

Anders als bei den meisten Currys sind die Zutaten dieser thailändischen Variante in wenigen Minuten vorbereitet. Außerdem ist das Garen denkbar einfach.

thailändisches hühnercurry

500 g Hühnerbrust, entbeint und gehäutet
400 ml Kokosmilch (Dose)
1–2 EL thailändische rote Currypaste, nach Geschmack
3 EL Frühlingszwiebeln, fein gehackt
1½ EL Ingwerwurzel, fein gehackt
1½ EL Shaoxing-Reiswein oder trockener Sherry
1 EL Fischsauce oder helle Sojasauce
1 TL Limettensaft
Salz und schwarzer Pfeffer aus der Mühle nach Geschmack
2 TL Zucker

ZUM GARNIEREN
etwas Koriandergrün

1 Geflügelfleisch in 2 bis 3 cm große Würfel schneiden.

2 Im Wok Kokosmilch, Currypaste, Frühlingszwiebeln, Ingwer, Reiswein oder Sherry, Fischsauce oder Sojasauce, Limettensaft, Salz, Pfeffer und Zucker vermischen und aufkochen lassen.

3 Die Fleischwürfel dazugeben. Wok zudecken und vom Herd nehmen. Zugedeckt 15 Minuten stehen lassen, um das Fleisch in der heißen Currysauce ziehen zu lassen.

4 Auf eine vorgewärmte Platte geben, mit Koriander garnieren und sofort servieren.

FÜR 2–4 PERSONEN
VORBEREITUNGSZEIT: 25 MINUTEN
GARZEIT: 10 MINUTEN

Wenn man die Zutaten vorbereitet und in den Kühlschrank stellt, wo man sie bis zu 4 Stunden, die Sauce sogar bis zu 24 Stunden aufbewahren kann, ist dieses Gericht in wenigen Minuten fertig. Gut geeignet auch für Überraschungsgäste.

hühnchen mit sataysauce

500 g Hühnerbrust, entbeint und gehäutet
1½ EL Erdnussöl

MARINADE
3 EL helle Sojasauce
1 EL Shaoxing-Reiswein oder Sherry
Salz und schwarzer Pfeffer aus der Mühle nach Geschmack
2 TL Speisestärke

SAUCE
3 EL Sesampaste oder weiche Erdnussbutter
1 EL Chili-Bohnen-Sauce
1 EL Knoblauch, fein gehackt
2 TL Chiliöl (siehe Seite 12)
2 EL chinesischer weißer Reisessig oder Apfelessig
2 EL helle Sojasauce
Salz und schwarzer Pfeffer aus der Mühle nach Geschmack
2 TL Zucker
2 EL heißes Wasser

ZUM GARNIEREN
50 g Zwiebeln, in dünnen Scheiben
100 g Gurke, in dünnen Scheiben

1 Geflügelfleisch in 2 bis 3 cm große Würfel schneiden. In einer Schüssel die Zutaten für die Marinade vermischen. Die Fleischwürfel dazugeben, alles gut vermischen und bei Raumtemperatur mindestens 20 Minuten marinieren. Marinade abgießen.

2 Alle Zutaten für die Sauce im Mixer glatt pürieren.

3 Wok bei starker Hitze sehr heiß werden lassen, dann das Öl hineingießen. Sobald das Öl leicht zu rauchen beginnt, Geflügelfleisch dazugeben und 5 Minuten unter Rühren braten.

4 Hitze reduzieren, die Sauce hineingießen und weitere 5 Minuten unter Rühren schmoren.

5 Auf eine vorgewärmte Platte geben, mit Zwiebelringen und Gurkenscheiben garnieren und sofort servieren.

FÜR 4 PERSONEN
VORBEREITUNGSZEIT: 5 MINUTEN
GARZEIT: 12 MINUTEN

Ban Yun Long, der Küchenchef der chinesischen Botschaft in London, hat sich dieses köstliche Gericht ausgedacht. Wenn Sie es weniger scharf mögen, nehmen Sie die milderen roten Chilischoten. Und wenn Sie keinen Fleischwolf haben, können Sie die Hühnerbrust mit einem großen Messer sehr fein hacken.

hühnchen mit champignons

500 g Champignons
1 EL Erdnussöl
1 EL Sesamöl
2 EL Knoblauch, grob gehackt
2 frische grüne Chilischoten, entkernt und gehackt
1 EL Shaoxing-Reiswein oder trockener Sherry
Salz und schwarzer Pfeffer aus der Mühle nach Geschmack
2 TL Zucker
250 g Hackfleisch von Hühnerbrust
3 EL Frühlingszwiebeln, fein gehackt

1 Champignons mit einem feuchten Tuch abwischen und in dünne Scheiben schneiden.

2 Wok bei starker Hitze heiß werden lassen, dann das Erdnuss- und Sesamöl hineingießen. Sobald das Öl leicht zu rauchen beginnt, Knoblauch und Chili dazugeben. 20 Sekunden unter Rühren braten.

3 Pilze dazugeben und etwa 3 Minuten unter Rühren braten.

4 Reiswein oder Sherry, Salz, Pfeffer und Zucker dazugeben und etwa 5 Minuten unter Rühren schmoren, bis die Pilze die Flüssigkeit aufgenommen haben.

5 Das Geflügelfleisch dazugeben und 4 Minuten unter Rühren schmoren.

6 Unmittelbar vor dem Servieren Frühlingszwiebeln dazugeben und einige Male gut umrühren.

7 Auf eine vorgewärmte Platte geben und sofort servieren.

FÜR 4–6 PERSONEN
VORBEREITUNGSZEIT: 5 MINUTEN
GARZEIT: 6 MINUTEN

Hühnerleber ist preiswert und einfach zuzubereiten. Ganz besonders köstlich schmeckt sie, wenn sie im heißen Wok zubereitet wird.

pikante hühnerleber

500 g Hühnerleber
1 EL Shaoxing-Reiswein oder trockener Sherry
1 EL helle Sojasauce
3 TL Sesamöl
Salz und schwarzer Pfeffer aus der Mühle nach Geschmack
1 EL Speisestärke
2 EL Erdnussöl

SAUCE
1 EL Chili-Bohnen-Sauce
2 EL Hoisinsauce
2 TL Austernsauce
1 EL Shaoxing-Reiswein oder trockener Sherry

1 Hühnerlebern trockentupfen und in mundgerechte Stücke schneiden. In einer Schüssel Reiswein oder Sherry, Sojasauce, 1 Esslöffel Sesamöl, Salz, Pfeffer und Speisestärke vermischen. Die Leber dazugeben und gut vermischen.

2 Wok sehr heiß werden lassen, dann das Öl hineingießen. Sobald es leicht zu rauchen beginnt, die Leber dazugeben und 2 Minuten ungestört bräunen.

3 Die Leberstücke wenden und auf der anderen Seite 2 Minuten bräunen. Nach dem Garen sollten sie innen noch leicht rot sein. Mit dem Bratwender herausheben und auf Küchenkrepp abtropfen lassen.

4 In einer kleinen Schüssel die Zutaten für die Sauce vermischen.

5 Öl aus dem Wok abgießen. Den Wok mit Küchenkrepp sauber auswischen, bei starker Hitze erneut heiß werden lassen. Die Sauce hineingießen und heiß werden lassen, die Leberstücke dazugeben, das restliche Sesamöl darüber träufeln und alles 2 Minuten unter Rühren schmoren.

6 Auf eine vorgewärmte Platte geben und sofort servieren.

fleisch

FÜR 4 PERSONEN
VORBEREITUNGSZEIT: 25 MINUTEN
GARZEIT: 6 MINUTEN

Haben Sie schon mal unter Rühren gebratenes Lammfleisch gegessen? Hier bekommen Sie es mit Knoblauch und Basilikum – ungewöhnlich, aber köstlich.

lamm mit knoblauch und basilikum

500 g mageres Lammfleisch (Schulter, Filet, entbeintes Kotelett)
2 EL Erdnussöl
6 Knoblauchzehen, in dünne Scheiben geschnitten
Salz und schwarzer Pfeffer aus der Mühle nach Geschmack
einige Basilikumblätter
etwas Koriandergrün

MARINADE
1 EL Shaoxing-Reiswein oder trockener Sherry
1 EL helle Sojasauce
2 TL Sesamöl
2 TL Speisestärke

1 Lammfleisch in kleine, dünne Scheiben schneiden. In einer Schüssel die Zutaten für die Marinade vermischen. Das Lammfleisch dazugeben, gut vermischen und bei Raumtemperatur 20 Minuten marinieren. Marinade abgießen.

2 Wok bei starker Hitze sehr heiß werden lassen, dann das Öl hineingießen. Sobald es leicht zu rauchen beginnt, das Lammfleisch dazugeben und 2 Minuten unter Rühren braten.

3 Knoblauch, Salz und Pfeffer dazugeben und weitere 3 Minuten unter Rühren braten.

4 Basilikumblätter und Koriandergrün dazugeben und noch einmal 3 Minuten unter Rühren braten.

5 Auf eine vorgewärmte Platte geben und sofort servieren.

FÜR 4 PERSONEN
VORBEREITUNGSZEIT: 10 MINUTEN
GARZEIT: 20–25 MINUTEN

Anders als die meisten Currys lässt sich dieses Currygericht schnell zubereiten. Als Beilage passt gedämpfter Reis gut dazu.

lammcurry auf thailändische art

250 g Kartoffeln
250 g Möhren
1 EL Erdnussöl
1–2 EL thailändische grüne Currypaste, nach Geschmack
400 ml Kokosmilch (Dose)
3 EL Fischsauce oder helle Sojasauce
Salz nach Geschmack
2 TL Limettenschale
2 TL Zucker
0,3 l Hühnerfond (sieh Seite 24/25)
500 g Lammhackfleisch
einige Basilikumblätter

1 Kartoffeln schälen und in 2 bis 3 cm große Würfel schneiden. Möhren schälen und unter Drehen in 2 bis 3 cm große Stücke schneiden (siehe Seite 20).

2 Wok bei starker Hitze heiß werden lassen, dann das Öl hineingießen. Sobald es leicht zu rauchen beginnt, die Currypaste dazugeben und 20 Sekunden unter Rühren braten.

3 Unter ständigem Rühren die Kokosmilch langsam zugeben und gut vermischen. Fischsauce oder Sojasauce, Salz, Limettenschale, Zucker und Hühnerfond dazugeben und alles gut vermischen.

4 Fleisch, Kartoffeln und Möhren dazugeben. Hitze reduzieren, Wok zudecken und das Gemüse in 15 bis 20 Minuten gar köcheln lassen.

5 Basilikumblätter darüber streuen und untermischen.

6 Auf eine vorgewärmte Platte geben und sofort servieren.

fleisch

FÜR 4 PERSONEN
VORBEREITUNGSZEIT: 3 MINUTEN
GARZEIT: 7 MINUTEN

Das ist echtes „fusion cooking", hier kommen Ost und West zusammen. Das Rezept ist schnell zubereitet und das Ergebnis so gut, dass ich oft einige gekochte Nudeln dazugebe, etwas Olivenöl darüber träufle und es so serviere. Natürlich schmeckt es auch mit gedämpftem Reis.

knoblauch-schweinefleisch

1½ EL Erdnussöl
2 EL Olivenöl
6 TL Knoblauch, grob gehackt
1 TL Cayennepfeffer (wahlweise)
500 g Schweinehackfleisch
2 EL Petersilie, fein gehackt
Salz und schwarzer Pfeffer aus der Mühle nach Geschmack
1 EL helle Sojasauce
2 TL Zucker
4 EL Hühnerfond (siehe Seite 24/25)
einige Basilikumblätter

1 Wok bei starker Hitze heiß werden lassen, dann Erdnuss- und Olivenöl hineingießen. Sobald das Öl leicht zu rauchen beginnen, Knoblauch (und Cayennepfeffer) dazugeben und 30 Sekunden unter Rühren braten.

2 Das Schweinefleisch dazugeben und 3 Minuten unter Rühren braten.

3 Petersilie, Salz, Pfeffer, Sojasauce, Zucker und Hühnerfond dazugeben und weitere 3 Minuten unter Rühren schmoren. Das Schweinefleisch darf keine Spur von Rosa mehr erkennen lassen.

4 Die Basilikumblätter dazugeben und noch 1 Minute unter Rühren braten.

5 Auf eine vorgewärmte Platte geben und sofort servieren.

FÜR 4 PERSONEN
VORBEREITUNGSZEIT: 1 MINUTE
GARZEIT: 7 MINUTEN

In diesem Rezept kombiniere ich zwei meiner bevorzugten Zutaten: Mais und Schweinefleisch. Die Vorbereitungen sind minimal, und das Garen dauert nur wenige Minuten. Falls Sie es „heiß" mögen, geben Sie grüne oder rote Chilischoten dazu.

schweinefleisch mit mais

- 300 g Mais (Dose oder tiefgefroren)
- 1 EL Erdnussöl
- 250 g Schweinehackfleisch
- 2 kleine frische rote Chilischoten, entkernt und fein gehackt
- Salz und schwarzer Pfeffer aus der Mühle nach Geschmack
- 1 TL Zucker
- 1 EL Shaoxing-Reiswein oder trockener Sherry
- 1 EL helle Sojasauce
- 2 TL Sesamöl

1 Mais aus der Dose abtropfen lassen. Tiefgefrorenen Mais 10 Sekunden in kochendem Wasser blanchieren und abtropfen lassen. Beiseite stellen.

2 Wok bei starker Hitze heiß werden lassen, dann das Öl hineingießen. Sobald es leicht zu rauchen beginnt, das Schweinefleisch dazugeben und 3 Minuten unter Rühren braten.

3 Mais, Chilischoten, Salz und Pfeffer dazugeben und 1 Minute rühren.

4 Zucker, Reiswein oder Sherry und Sojasauce dazugeben und weitere 2 Minuten unter Rühren schmoren.

5 Das Sesamöl unterrühren und alles gut vermischen. Auf eine vorgewärmte Platte geben und sofort servieren.

FÜR 4 PERSONEN
VORBEREITUNGSZEIT: 10 MINUTEN
GARZEIT: 6 MINUTEN

Unter Rühren braten ist im Wok nicht nur einfach, sondern ungemein vielseitig und kreativ. Fast alle Zutaten lassen sich dabei kombinieren. Hier sorgt die Ananas für einen exotisch süß-sauren Touch.

süss-saures schweinefleisch mit ananas

500 g Schweinefilet
1½ EL Erdnussöl
3 EL Knoblauch, grob gehackt
250 g Ananas (frisch oder Dose), gehackt
2 EL Koriandergrün, fein gehackt
1 EL dunkle Sojasauce
2 TL Zucker

MARINADE
2 TL helle Sojasauce
2 TL Shaoxing-Reiswein oder trockener Sherry
1 TL Sesamöl
2 TL Speisestärke

ZUM GARNIEREN
etwas Koriandergrün

1 Schweinefleisch in etwa 5 cm lange dünne Streifen schneiden. In einer Schüssel die Zutaten für die Marinade vermischen. Das Schweinefleisch dazugeben, gut vermischen und bei Raumtemperatur marinieren. Marinade abgießen.

2 Wok bei starker Hitze heiß werden lassen, dann das Öl hineingießen. Sobald es leicht zu rauchen beginnt, Knoblauch dazugeben und etwa 15 Sekunden unter Rühren braten, bis er zu bräunen beginnt.

3 Schweinefleisch dazugeben und 3 Minuten unter Rühren braten.

4 Ananas, Koriander, Sojasauce und Zucker dazugeben und weitere 3 Minuten unter Rühren schmoren.

5 Auf eine vorgewärmte Platte geben, mit Koriander garnieren und sofort servieren.

fleisch

> FÜR 2 PERSONEN ALS HAUPTGERICHT,
> FÜR 4 PERSONEN ALS BEILAGE
> VORBEREITUNGSZEIT: 25 MINUTEN
> GARZEIT: 12 MINUTEN

Gurken gibt es inzwischen das ganze Jahr über. Man verwendet sie nicht nur zu Salat, sondern auch geschmort als Beilage zu Fleisch. Dieses schnelle Gericht macht wenig Arbeit, und die Gurken sind durch das Salz schon halb gar.

schweinefleisch mit gurke

700 g Gurken
2 TL Salz
1½ EL Erdnussöl
3 EL Knoblauch, grob gehackt
500 g Schweinehackfleisch
2 EL Koriandergrün, fein gehackt
2 EL Sojasauce
2 EL Austernsauce
2 TL Zucker
4 EL Hühnerfond (siehe Seite 24/25)

ZUM GARNIEREN
etwas Koriandergrün

1 Gurken schälen, der Länge nach halbieren, die Kerne entfernen. Dann in 2 bis 3 cm große Würfel schneiden. Salz darüber streuen und gut vermengen. In ein Sieb geben und 20 Minuten abtropfen lassen. In kaltem Wasser abspülen und mit Küchenkrepp trockentupfen.

2 Wok bei starker Hitze heiß werden lassen, dann das Öl hineingießen. Sobald es leicht zu rauchen beginnt, den Knoblauch dazugeben und 30 Sekunden unter Rühren braten.

3 Das Schweinefleisch dazugeben und 3 Minuten unter Rühren braten.

4 Koriander, Sojasauce, Austernsauce, Zucker und Hühnerfond dazugeben und weitere 3 Minuten unter Rühren schmoren.

5 Gurkenwürfel dazugeben und alles 5 Minuten unter Rühren schmoren.

6 Mit Koriander garnieren und sofort servieren.

FÜR 4 PERSONEN
VORBEREITUNGSZEIT: 20 MINUTEN
GARZEIT: 7 MINUTEN

Eine einfache Methode für einen schnellen, schmackhaften Imbiss. Schweinefleisch gart im Wok im Handumdrehen, und die knusprigen Nüsse schmecken dazu unwiderstehlich.

schweinefleisch mit cashewnüssen

500 g Schweinefilet
2 EL Erdnussöl
50 g Cashewnüsse
Salz und schwarzer Pfeffer aus der Mühle nach Geschmack
1 TL Zucker

MARINADE
1 EL Shaoxing-Reiswein oder trockener Sherry
1 EL helle Sojasauce
2 TL Sesamöl
schwarzer Pfeffer aus der Mühle nach Geschmack
2 TL Speisestärke

V Kann vorbereitet werden. Zugedeckt im Kühlschrank bis zu 2 Stunden aufbewahren.

1 Schweinefilet in dünne, etwa 5 x 1 cm große Streifen schneiden. In einer Schüssel die Zutaten für die Marinade vermischen. Das Schweinefleisch dazugeben, gut vermengen und bei Raumtemperatur 15 Minuten marinieren. **V**

2 Wok bei starker Hitze heiß werden lassen, dann das Öl hineingießen. Sobald es leicht zu rauchen beginnt, die Fleischstreifen hineingeben und 30 Sekunden ungestört bräunen lassen. Dann etwa 2 Minuten unter Rühren gar braten. Das Fleisch darf nicht mehr rosa sein. Mit dem Bratenheber herausnehmen und im Sieb abtropfen lassen.

3 Wok noch einmal stark erhitzen und die Nüsse, Salz, Pfeffer und Zucker hineingeben. Hitze reduzieren und alles 2 Minuten unter Rühren braten.

4 Das Schweinefleisch ebenfalls in den Wok geben und 2 Minuten unter Rühren heiß werden lassen.

5 Auf eine vorgewärmte Platte geben und sofort servieren.

fleisch

FÜR 4 PERSONEN
VORBEREITUNGSZEIT: 35 MINUTEN
GARZEIT: 7 MINUTEN

Eine Zubereitungsart für zartes Rindfleisch mit einer ungewöhnlichen Geschmacksnote. Das Filet wird im Gefrierfach angefroren und mariniert. Das Garen ist dann nur noch ein Sache von Minuten.

rinderfilet à l'orange

500 g Rinderfilet oder -steak
4 EL Erdnussöl
350 g Zwiebeln, in dünnen Scheiben
3 EL Knoblauch, grob gehackt
2 EL Orangenschale, in feinen Streifen
2 EL Shaoxing-Reiswein oder trockener Sherry
Salz und schwarzer Pfeffer aus der Mühle nach Geschmack
2 TL Zucker
2 EL Austernsauce

MARINADE
2 TL helle Sojasauce
2 TL Shaoxing-Reiswein oder trockener Sherry
2 TL Sesamöl
Salz und schwarzer Pfeffer aus der Mühle nach Geschmack
2 TL Speisestärke

V Kann vorbereitet werden. Das Rindfleisch zugedeckt im Kühlschrank bis zu 2 Stunden aufbewahren.

1 Rindfleisch 20 Minuten ins Gefrierfach geben. Dadurch wird es fester und lässt sich besser schneiden.

2 Inzwischen die Zutaten für die Marinade in einer Schüssel vermischen.

3 Fleisch aus dem Gefrierfach nehmen und in dünne, etwa 4 cm lange Streifen schneiden. In die Marinade geben, gut vermischen und bei Raumtemperatur 15 Minuten marinieren. Marinade abgießen. **V**

4 Wok bei starker Hitze sehr heiß werden lassen, dann 3 Esslöffel Öl hineingeben. Sobald es leicht zu rauchen beginnt, das Rindfleisch dazugeben und etwa 2 Minuten unter Rühren braten. Fleisch herausnehmen und im Sieb abtropfen lassen.

5 Wok wieder sehr heiß werden lassen, das übrige Öl hineingießen. Zwiebeln, Knoblauch und Orangenschale darin 1 Minute unter Rühren braten.

6 Reiswein oder Sherry, Salz, Pfeffer und Zucker dazugeben. Weitere 3 bis 5 Minuten unter Rühren schmoren, bis die Zwiebeln glasig sind. Wenn die Zwiebelmasse zu trocken wird, etwas Wasser dazugeben. Rindfleisch wieder in den Wok geben, die Austernsauce hinzufügen und alles unter Rühren heiß werden lassen.

7 Auf eine vorgewärmte Platte geben und sofort servieren.

FÜR 4 PERSONEN
VORBEREITUNGSZEIT: 1 STUNDE
GARZEIT: 18–26 MINUTEN

Eine elegante Lösung, wenn man wenig Zeit hat. Am längsten dauert das Marinieren, aber das kann man im Voraus besorgen. Und in der Garzeit sind 10 Minuten „Ruhepause" enthalten. Allerdings müssen Sie das beste und zarteste Rinderfilet kaufen, das Sie bekommen können.

rinderfilet mit austernsauce

4 Scheiben Rinderfilet, je 180–220 g
Salz und schwarzer Pfeffer aus
  der Mühle nach Geschmack
3 EL Erdnussöl
8 EL Austernsauce

MARINADE
3 EL helle Sojasauce
2 EL Sesamöl

V Kann vorbereitet werden. Das Fleisch zugedeckt im Kühlschrank bis zu 2 Stunden aufbewahren.

1 Filets in einen tiefen Teller legen. In einer Schüssel Zutaten für die Marinade vermischen. Die Filets darin wenden und auf beiden Seiten salzen und pfeffern. Bei Zimmertemperatur mindestens 1 Stunde marinieren. Marinade abgießen. **V**

2 Wok bei starker Hitze heiß werden lassen, dann das Öl hineingießen. Hitze reduzieren und die Filets auf jeder Seite 4 bis 8 Minuten braten, je nachdem wie gut durchgebraten das Fleisch sein soll. Auf einen vorgewärmten Teller legen und 10 Minuten ruhen lassen. Dabei „entspannen" sich die Gewebefasern und das Fleisch wird zart.

3 Unmittelbar vor dem Servieren Filets in dünne Scheiben schneiden und über jede Portion 2 Esslöffel Austernsauce gießen.

FÜR 4 PERSONEN
VORBEREITUNGSZEIT: 25 MINUTEN
GARZEIT: 20 MINUTEN

Die schnell und leicht zubereitete Variante einer sehr beliebten chinesischen Spezialität, die meine Mutter häufig gekocht hat. Das Entwässern des Tofus nimmt den größten Teil der Vorbereitungszeit in Anspruch. Aber man kann das Gericht vorher zubereiten und bei Bedarf aufwärmen.

geschmortes rinderhackfleisch mit tofu

500 g fester Tofu
1½ EL Erdnussöl
2 EL Knoblauch, grob gehackt
1 EL Ingwerwurzel, fein gehackt
350 g Rindhackfleisch
3 EL Frühlingszwiebeln, fein gehackt
2 EL Austernsauce
2 TL Chili-Bohnen-Sauce
1 TL Zucker
1½ EL Shaoxing-Reiswein oder trockener Sherry
1 EL helle Sojasauce
4 EL Hühnerfond (siehe Seite 24/25)

ZUM GARNIEREN
2 EL Frühlingszwiebeln, fein gehackt

V Kann vorbereitet werden. Zugedeckt im Kühlschrank bis zu 12 Stunden aufbewahren. Im Dämpfeinsatz in 10 Minuten aufwärmen.

1 Tofu in 1 cm große Würfel schneiden, in ein Sieb geben und 10 Minuten abtropfen lassen. Auf Küchenkrepp weitere 10 Minuten trocknen lassen.

2 Wok bei starker Hitze heiß werden lassen, dann das Öl hineingießen. Sobald es leicht zu rauchen beginnt, Knoblauch und Ingwer dazugeben und 20 Sekunden unter Rühren braten.

3 Das Hackfleisch dazugeben und 3 Minuten unter Rühren braten.

4 Alle anderen Zutaten bis auf den Tofu dazugeben und aufkochen lassen.

5 Hitze reduzieren. Tofu hineingeben und alles gut, aber vorsichtig vermischen, damit die Würfel nicht auseinander fallen. Im offenen Wok etwa 15 Minuten köcheln lassen. Wenn nötig, noch etwas Hühnerfond zugießen. **V**

6 Auf eine vorgewärmte Platte geben, mit Frühlingszwiebeln garnieren und sofort servieren.

gemüse

FÜR 4 PERSONEN ALS BEILAGE
VORBEREITUNGSZEIT: 10 MINUTEN
GARZEIT: 4–5 MINUTEN

Die Vorzüge zarten Spargels mit seinem erdigen Geschmack haben viele chinesische Köche erst vor kurzem entdeckt. Er ähnelt den chinesischen Reissprossen. In diesem Rezept wird er kalt mit einer einfach zuzubereitenden Sauce kombiniert. Man gibt sie am besten erst dazu, wenn man den Salat serviert.

spargelsalat nach chinesischer art

500 g Spargel
3 EL Schalotten, fein gehackt
1 EL Sesamsamen

SAUCE
2 EL helle Sojasauce
Salz und schwarzer Pfeffer aus
   der Mühle nach Geschmack
1 EL Sesamöl
1–2 TL Chiliöl (siehe Seite 12)

V Kann im Voraus zubereitet werden. In verschlossenem Gefäß hält die Sauce im Kühlschrank 2 Tage. Spargel zudecken und bis zu 2 Stunden kühl stellen. Auch die Sesamsamen können in verschlossenem Gefäß 2 Tage kühl lagern.

1 Für die Salatsauce alle Zutaten in einer kleinen Schüssel gut vermischen und beiseite stellen.

2 Spargel in 4 cm lange Stücke schneiden. Die gehackten Schalotten auf ein sauberes Tuch legen und ausdrücken, bis sie trocken sind. Beiseite stellen.

3 Die Sesamsamen auf einem Backblech verteilen und unter dem heißen Grill goldbraun rösten. Aufpassen, dass sie nicht verbrennen. Beiseite stellen. **V**

4 Im Wok Salzwasser zum Kochen bringen. Die Spargelstücke hineingeben und in etwa 10 Minuten weich kochen. Mit dem Schaumlöffel herausnehmen und in kaltes Wasser geben. Einige Minuten abkühlen lassen, dann abgießen und gut abtropfen lassen. Die kalten Spargelstücke auf eine Platte legen.

5 Vor dem Servieren die Sauce darüber träufeln. Die Schalotten dazugeben und alles gut vermischen. Mit Sesamsamen bestreuen und sofort servieren.

FÜR 4 PERSONEN ALS BEILAGE
VORBEREITUNGSZEIT: 5 MINUTEN
GARZEIT: 45 MINUTEN

Die Auberginen werden in Wasserdampf sanft gegart und mit einer schmackhaften, leicht zuzubereitenden Sauce angemacht. Dieser vegetarische Leckerbissen ist eine hervorragende Beilage zu jedem Gericht und hat überdies den Vorteil, dass man es teilweise im Voraus zubereiten kann.

auberginensalat

500 g Auberginen

SAUCE
1½ EL Sesamöl
1–2 TL Chiliöl (siehe Seite 12)
2 EL Knoblauch, fein gehackt
1½ EL Ingwerwurzel, fein gehackt
3 EL Frühlingszwiebeln, fein gehackt
2 EL helle Sojasauce
1 TL Zucker
1 EL chinesischer schwarzer Reisessig

ZUM GARNIEREN
etwas Koriandergrün (wahlweise)

V Kann im Voraus zubereitet werden. Die zugedeckten Auberginen im Kühlschrank bis zu 24 Stunden aufbewahren. Danach wieder Raumtemperatur annehmen lassen.

1 Die ungeschälten Auberginen in etwa 5 cm große Stücke schneiden.

2 Dämpfkorb in den Wok stellen oder Gitter einhängen. Den Wok 5 cm hoch mit Wasser füllen. Bei starker Hitze Wasser zum Kochen bringen. Auberginen auf einen Teller legen und vorsichtig in den Dämpfkorb oder auf das Gitter stellen. Hitze reduzieren und Wok zudecken. 30 bis 40 Minuten dämpfen, bis die Auberginen sich sehr weich anfühlen. Herausnehmen, auf eine Platte legen und vollständig abkühlen lassen. **V**

3 Den Wok sauber auswischen und erneut erhitzen. Wenn er heiß ist, Sesamöl und Chiliöl hineingießen. Sobald das Öl sehr heiß ist und leicht zu rauchen beginnt, Knoblauch dazugeben und 40 Sekunden unter Rühren braten.

4 Die restlichen Zutaten dazugeben, gut vermischen und 1 Minute unter Rühren kochen. Wok vom Herd nehmen und Sauce abkühlen lassen.

5 Vor dem Servieren Sauce gleichmäßig über die Auberginen verteilen und gut vermischen. Wahlweise mit Koriandergrün garnieren und servieren.

gemüse

> FÜR 4 PERSONEN ALS WÜRZDIP ODER BEILAGE
> VORBEREITUNGSZEIT: 40 MINUTEN, EINSCHLIESSLICH ABKÜHLEN
> GARZEIT: 30–40 MINUTEN

Die Anregung zu diesem köstlichen Auberginenpüree erhielt ich von Mic Cheminal-Teran, einem bekannten französischen Kostümbildner bei Theater und Film. Vegetarier verwenden die vegetarische Austernsauce (siehe Seite 17). Bei diesem Rezept brauchen Sie den Wok nicht.

Mics auberginenenpüree

900 g Auberginen
3 EL Frühlingszwiebeln, fein gehackt
2 EL Knoblauch, fein gehackt
2 EL Austernsauce
2 EL Olivenöl
1 TL Zucker
Salz und schwarzer Pfeffer aus der Mühle nach Geschmack

> V Kann im Voraus zubereitet werden. Zugedeckt bis zu 24 Stunden im Kühlschrank aufbewahren. Vor dem Servieren Raumtemperatur annehmen lassen.

1 Backofen auf 240 °C (Gas Stufe 5) vorheizen.

2 Mit einer Gabel die Haut der Auberginen anstechen, damit sie beim Garen nicht aufplatzen. Die ganzen Auberginen auf ein gefettetes Backblech legen und 30 bis 40 Minuten backen, bis sie sich weich anfühlen. Abkühlen lassen.

3 Wenn man sie anfassen kann, die Haut abziehen. Das Fruchtfleisch in ein Sieb geben und gute 30 Minuten abtropfen lassen.

4 Sobald die Auberginen kalt sind, mit der Gabel pürieren. Wenn sie erst später verwendet werden sollen, zugedeckt in den Kühlschrank stellen. V

5 In einer großen Schüssel die restlichen Zutaten vermischen.

6 Das Auberginenpüree dazugeben, gut vermischen und sofort servieren

FÜR 4 PERSONEN
VORBEREITUNGSZEIT: 25 MINUTEN
GARZEIT: 5–6 MINUTEN

Dieses ungewöhnliche Rezept verdanke ich Andy Wai, dem einfallsreichen und kreativen Besitzer des Harbor Village Restaurants in San Francisco. Bittermelonen gibt es in China- und Asiengeschäften zu kaufen. Oder Sie verwenden Zucchini, die genauso zubereitet werden können.

Andy Wais bittermelonen-omelett

500 g Bittermelone oder Zucchini
1 EL und 1 TL Salz
6 Eier, geschlagen
1 TL helle Sojasauce
2 TL Sesamöl
1½ EL Erdnussöl

1 Bittermelone oder Zucchini waschen und der Länge nach halbieren. Kerne entfernen und das Fruchtfleisch in dünne Scheiben schneiden. In einer Schüssel mit 1 Esslöffel Salz vermischen. In ein Sieb geben und 20 Minuten stehen lassen. In kaltem Wasser gut spülen, dann abtropfen lassen.

2 In einem großen Topf Wasser zum Kochen bringen. Die Melonenscheiben hineingeben, aufkochen lassen und 1 Minute blanchieren. Mit dem Schaumlöffel herausheben und auf Küchenkrepp abtropfen lassen.

3 Die geschlagenen Eier mit restlichem Salz, Sojasauce und Sesamöl vermischen. Die Melonenscheiben dazugeben.

4 Wok bei starker Hitze heiß werden lassen, dann das Erdnussöl hineingießen. Sobald es heiß genug ist, die Omelettmasse in den Wok geben. Gestockte Masse vom Rand her zur Mitte zusammenschieben, sodass das noch flüssige Ei in den Wok laufen kann. Weiter braten, bis das Ei gestockt ist. Omelett wenden und auf der anderen Seite goldbraun braten.

5 Sofort servieren.

gemüse

FÜR 4 PERSONEN ALS BEILAGE
VORBEREITUNGSZEIT: 2 MINUTEN
GARZEIT: 8 MINUTEN

Fermentierte chinesische schwarze Bohnen sind eine ausgezeichnete Beilage zu fast jedem Gericht. Aus gewöhnlichem Gemüse machen sie eine Köstlichkeit. Die Vorbereitungen zu diesem Rezept können im Voraus erledigt werden.

junger mais mit bohnen und paprika

250 g rote Paprikaschoten
1½ EL Erdnussöl
3 EL Schalotten, fein gehackt
2 EL schwarze Bohnen, grob gehackt
1½ EL Knoblauch, fein gehackt
1 EL Ingwerwurzel, fein gehackt
250 g frische kleine Maiskolben
2 EL Shaoxing-Reiswein oder
   trockener Sherry
1 EL Chili-Bohnen-Sauce
1 EL helle Sojasauce
2 EL dunkle Sojasauce
2 TL Zucker
150 ml Hühnerfond (siehe Seite 24/25)
2 TL Sesamöl

V Kann im Voraus zubereitet werden. Mais zugedeckt bis zu 24 Stunden im Kühlschrank aufbewahren. Vor dem Servieren Raumtemperatur annehmen lassen.

1 Paprikaschoten halbieren, weiße Teile und Kerne entfernen. In 2 bis 3 cm große Stücke schneiden.

2 Wok bei starker Hitze heiß werden lassen, dann das Öl hineingießen. Sobald es heiß genug ist, Schalotten, schwarze Bohnen, Knoblauch und Ingwer dazugeben und 1 Minute unter Rühren braten.

3 Die Maiskolben dazugeben und 1 Minute unter Rühren braten.

4 Reiswein oder Sherry, Chili-Bohnen-Sauce, helle und dunkle Sojasauce, Zucker und Hühnerfond dazugeben und bei starker Hitze weitere etwa 5 Minuten unter Rühren schmoren, bis der Mais gar und die Flüssigkeit weitgehend verdampft ist.

5 Das Sesamöl unterrühren und alles gut vermischen. Auf eine Platte geben und abkühlen lassen. **V**

6 Auf eine vorgewärmte Platte geben und sofort servieren.

FÜR 4 PERSONEN ALS BEILAGE
VORBEREITUNGSZEIT: 5 MINUTEN
GARZEIT: 12 MINUTEN

Eine weitere Möglichkeit, grüne Bohnen köstlich zuzubereiten, diesmal für Fleischesser.

köstliche speckbohnen

175 g durchwachsener Bauchspeck
500 g grüne Bohnen, geputzt
2 EL Erdnussöl
1 TL Zucker
1 EL helle Sojasauce
3 EL Wasser
Salz und schwarzer Pfeffer aus der Mühle nach Geschmack
2 TL Sesamöl

1 Speck in schmale Streifen schneiden. Bohnen halbieren, wenn sie länger sind als 7 bis 8 cm.

2 Wok bei starker Hitze heiß werden lassen. Hitze reduzieren, den Speck hineingeben und knusprig braten. Herausnehmen und auf Küchenkrepp abtropfen lassen.

3 Wok mit Küchenkrepp auswischen und erhitzen, bis er heiß ist, dann das Öl hineingießen. Sobald es heiß ist, die Bohnen dazugeben und 30 Sekunden unter Rühren braten.

4 Zucker, Sojasauce und Wasser dazugeben und 1 Minute unter Rühren schmoren.

5 Salz und Pfeffer dazugeben, Wok zudecken und etwa 5 Minuten köcheln lassen, bis die Bohnen gar sind. Gelegentlich nachsehen, bei Bedarf etwas Wasser dazugeben.

6 Wenn die Bohnen gar sind, Deckel abnehmen und die Flüssigkeit unter Rühren vollständig verdampfen lassen.

7 Das Sesamöl unterrühren und Wok vom Herd nehmen.

8 Die Bohnen auf eine vorgewärmte Platte geben, mit Speck garnieren und sofort servieren.

> FÜR 2 PERSONEN ALS HAUPTGERICHT,
> FÜR 4 PERSONEN ALS BEILAGE
> VORBEREITUNGSZEIT: 3 MINUTEN
> GARZEIT: 10 MINUTEN

Ein durch und durch vegetarisches Rezept, so schmackhaft wie ein Fleischgericht. Die frischen Bohnen werden im heißen Wok kurz gebraten und mit fermentiertem Tofu kombiniert. Diese in Asienläden erhältliche würzige Zutat lohnt die Suche, besonders wenn es Sie nach einer besonderen Geschmacksnote gelüstet.

bohnen mit chili-tofu

500 g grüne Bohnen, geputzt
1½ EL Erdnussöl
3 EL fermentierter Tofu mit Chili
6 EL Wasser
1 TL Zucker

1 Bohnen halbieren, wenn sie länger sind als 7 bis 8 cm.

2 Wok bei starker Hitze heiß werden lassen, dann das Öl hineingießen. Sobald es leicht zu rauchen beginnt, Bohnen und fermentierten Tofu dazugeben und 30 Sekunden unter Rühren braten.

3 3 Esslöffel Wasser dazugeben und alles 1 Minute schmoren.

4 Zucker darunter rühren, Wok zudecken und etwa 5 Minuten köcheln lassen, bis die Bohnen gar sind. Gelegentlich nachsehen, bei Bedarf das restliche Wasser dazugeben.

5 Sobald die Bohnen gar sind, Deckel abnehmen und die Flüssigkeit unter Rühren verdampfen lassen.

6 Auf eine vorgewärmte Platte geben und sofort servieren.

FÜR 4–6 PERSONEN ALS BEILAGE
VORBEREITUNGSZEIT: 3 MINUTEN
GARZEIT: 5–7 MINUTEN

Diese schmackhaften, gesunden und einfach zubereiteten Zucchini brauchen im Wok nur Minuten zum Garen. Sie können als vegetarischer Hauptgang oder als Beilage zu jedem anderen Gericht serviert werden.

curry-zucchini

700 g Zucchini
2 EL Erdnussöl
50 g Zwiebeln, in Scheiben geschnitten
2 EL Madras-Currypulver
1 EL Shaoxing-Reiswein oder
   trockener Sherry
6 EL Wasser
2 TL Sesamöl

1 Zucchini in 2 bis 3 cm große Würfel schneiden.

2 Wok bei starker Hitze heiß werden lassen, dann das Öl hineingießen. Sobald es heiß genug ist, Knoblauch und Zwiebeln dazugeben und 30 Sekunden unter Rühren braten.

3 Die Zucchiniwürfel dazugeben und 2 Minuten unter Rühren schmoren.

4 Currypulver, Reiswein oder trockenen Sherry und 3 Esslöffel Wasser dazugeben. Wok zudecken und weitere 3 bis 5 Minuten köcheln, bis die Zucchini gar sind. Gelegentlich nachsehen, bei Bedarf das restliche Wasser dazugeben.

5 Das Sesamöl unterrühren.

6 Auf eine vorgewärmte Platte geben und sofort servieren.

gemüse 119

FÜR 2 PERSONEN ALS HAUPTGERICHT,
FÜR 4 PERSONEN ALS BEILAGE
VORBEREITUNGSZEIT: 10 MINUTEN
GARZEIT: 35 MINUTEN

In der chinesischen Küche werden viele Fleischspeisen in einer Brühe geköchelt, die mit aromatischen Gewürzen wie Sternanis und Zimt angereichert ist, um den Gerichten attraktive Geschmacksnoten zu verleihen. Bei dieser vegetarischen Variante wird statt Fleisch Wurzelgemüse verwendet.

duftendes schmorgemüse

500 g Möhren
250 g Rübchen
250 g Kartoffeln
2 Stück Sternanis
1 Stange Zimt
1 EL helle Sojasauce
1½ EL dunkle Sojasauce
1 EL Shaoxing-Reiswein oder
   trockener Sherry
2 EL Kandiszucker oder brauner Zucker
0,6 l Hühnerfond (siehe Seite 24/25)

ZUM GARNIEREN
2 EL Koriandergrün, fein gehackt

V Kann im Voraus zubereitet werden. Zugedeckt bis zu 24 Stunden im Kühlschrank aufbewahren. Zum Aufwärmen 10 Minuten im Wok sachte erhitzen.

1 Möhren schälen und in 2 bis 3 cm lange Stücke drehschneiden (siehe Seite 20). Rübchen und Kartoffel schälen und in 2 bis 3 cm große Würfel schneiden.

2 Im Wok Sternanis, Zimt, helle und dunkle Sojasauce, Reiswein oder Sherry, Zucker und Hühnerfond vermischen und zum Kochen bringen. Möhren und Kartoffeln zugeben und etwa 5 Minuten köcheln lassen.

3 Die Rübchen dazugeben und alles weitere 15 Minuten köcheln lassen.

4 Gemüse mit dem Schaumlöffel herausheben. Brühe bei starker Hitze auf sirupartige Konsistenz einkochen.

5 Gemüse wieder in den Wok geben und unter Rühren erhitzen, sodass sie gut mit der eingedickten Brühe überzogen sind. **V**

6 Auf eine vorgewärmte Platte geben, mit Koriandergrün garnieren und sofort servieren.

gemüse

FÜR 4 PERSONEN ALS BEILAGE
VORBEREITUNGSZEIT: 10 MINUTEN
GARZEIT: 7 MINUTEN

Kaum etwas geht schneller und einfacher und schmeckt köstlicher als diese aufregende Kombination von Spinat und Ingwer. Wichtig ist, dass Sie den Ingwer unter Rühren braun und leicht knusprig rösten. Das Ergebnis ist eine vegetarische Köstlichkeit, die sich auch als Beilage für Fleischspeisen eignet.

spinat mit ingwer

750 g frischer Spinat
1 EL Olivenöl
1 EL Erdnussöl
3 EL Ingwerwurzel, fein gehackt
Salz
1 TL Zucker
schwarzer Pfeffer aus der Mühle nach Geschmack

1 Spinat mehrmals gründlich waschen und gut abtropfen lassen. Alle Stiele entfernen, nur die Blätter werden verwendet.

2 Wok bei starker Hitze heiß werden lassen, dann Oliven- und Erdnussöl hineingießen. Sobald das Öl leicht zu rauchen beginnt, Ingwer und eine Prise Salz dazugeben und in etwa 15 Sekunden unter Rühren braun und knusprig braten.

3 Den Spinat dazugeben und etwa 2 Minuten unter Rühren braten, sodass die Blätter gut mit Öl, Ingwer und Salz überzogen werden.

4 Wenn der Spinat zusammengefallen ist, Zucker und Pfeffer dazugeben und weitere 4 Minuten unter Rühren schmoren.

5 Spinat in einem Sieb abtropfen lassen.

6 Auf eine vorgewärmte Platte geben und sofort servieren.

> FÜR 6–8 PERSONEN ALS VORSPEISE ODER BEILAGE
> VORBEREITUNGSZEIT: 35 MINUTEN
> GARZEIT: 10 MINUTEN

Diese Tempura-Variante wurde in der Küche des Hotels Oriental in Bangkok kreiert. Das klassische japanische Tempura hat seinen Namen von einem Wort für „würzen", bezeichnet aber heute frische Zutaten, die in einem leichten, feinen Teigmantel ausgebacken werden.

gemüse-tofu-tempura

100 g fester Tofu
100 g Blumenkohl
100 g Zucchini
100 g Möhren
100 g Auberginen
50 g grüne Bohnen, geputzt
100 g Zwiebeln
100 g kleine Champignons
Mehl zum Bestäuben
0,6 l Erdnussöl
Salz und schwarzer Pfeffer aus der Mühle

AUSBACKTEIG
2 Eigelb
0,3 l eiskaltes Wasser mit 3 grob zerbrochenen Eiswürfeln

1 Tofu abtropfen lassen und in 2 bis 3 cm große Würfel schneiden. Auf Küchenkrepp legen und weitere 30 Minuten trocknen lassen.

2 Blumenkohl in etwa 4 cm große Röschen zerteilen. Zucchini, Möhren und Auberginen in etwa 10 cm lange dünne Streifen schneiden. Bohnen, die länger als 10 cm sind, halbieren. Die Zwiebeln in dünne Scheiben schneiden. Die Pilze mit einem feuchten Tuch abreiben, ganz lassen. Alles leicht mit Mehl bestäuben und überschüssiges Mehl abschütteln.

3 In einem großen Wok das Öl heiß werden lassen. Inzwischen für den Teig in einer Schüssel die Eigelbe verrühren, das Wasser mit den Eiswürfeln dazugießen und rasch vermischen. Die gesamte Menge Mehl dazugeben, kurz und kräftig unterschlagen, bis der Teig einigermaßen glatt ist. Es dürfen Klumpen drin bleiben; wichtig ist, rasch zu arbeiten, damit der Teig sehr kalt bleibt.

4 Gemüse durch den Teig ziehen und in mehreren Portionen goldbraun und knusprig frittieren. Mit dem Schaumlöffel herausheben, auf Küchenkrepp abtropfen lassen.

5 Das Gemüse auf eine vorgewärmte Platte geben. Mit Salz und Pfeffer bestreuen und sofort servieren.

> FÜR 4 PERSONEN ALS BEILAGE
> VORBEREITUNGSZEIT: 2 STUNDEN,
> EINSCHLIESSLICH ABKÜHLEN
> GARZEIT: 25 MINUTEN

Nachdem man chinesisches Fünf-Gewürze-Pulver inzwischen in vielen Supermärkten bekommt, ist es jedermann möglich, diese köstlichen Pommes frites im Handumdrehen zuzubereiten. Verwenden Sie statt normalem Salz Meersalz, das intensiviert den Geschmack.

fünf-gewürze-pommes

750 g Kartoffeln
1 l Erdnussöl

WÜRZMISCHUNG
2 TL Meersalz oder normales Salz
schwarzer Pfeffer aus der Mühle
 nach Geschmack
1 TL Fünf-Gewürze-Pulver
1½ TL Madras-Currypulver

> **V** Kann in zwei Stufen im Voraus zubereitet werden. Nach Schritt 1 Kartoffeln zudecken und bis zu 24 Stunden im Kühlschrank aufbewahren. Nach Schritt 4 können Sie die Zutaten noch 1 Stunde stehen lassen.

1 Kartoffeln schälen und in 7 bis 8 cm lange, 1 cm dicke Stäbchen schneiden. In einer großen Schüssel mit kaltem Wasser bedecken. 2 Stunden oder über Nacht in den Kühlschrank stellen. **V**

2 Die Zutaten der Würzmischung in einer kleinen Schüssel vermengen und beiseite stellen.

3 Kartoffeln in einem Sieb abtropfen lassen, in der Salatschleuder trocknen oder mit Küchenkrepp trockentupfen. Die Kartoffeln sollen trocken sein. In zwei Portionen aufteilen.

4 Wok bei starker Hitze heiß werden lassen, dann das Öl hineingießen. Sobald es sehr heiß ist, die erste Portion 8 Minuten frittieren. Mit dem Schaumlöffel herausheben und in einem Sieb abtropfen lassen. Ebenso die zweite Portion zubereiten. **V**

5 Kurz bevor die Pommes frites serviert werden sollen, Öl erneut erhitzen. Sobald es heiß ist, die erste Portion goldbraun und knusprig frittieren, herausnehmen und auf Küchenkrepp abtropfen lassen. Die zweite Portion ebenso zubereiten.

6 Auf eine vorgewärmte Platte legen, die Hälfte der Würzmischung darüber streuen. Gut vermischen. Probieren und nach Geschmack noch kräftiger würzen. Sofort servieren.

FÜR 4–6 PERSONEN
ALS HAUPTGERICHT
VORBEREITUNGSZEIT: 25 MINUTEN
GARZEIT: 4–5 MINUTEN

Für Vegetarier ein besonderer Leckerbissen. Erschrecken Sie nicht über die lange Zutatenliste. Das meiste kann vorbereitet werden (bis einschließlich Schritt 3), so dass bis zum Servieren nur noch wenig zu tun bleibt. Gemüse mit den Fingern aus Salatblättern zu essen macht Spaß.

schmorgemüse im salatblatt

15 g chinesische Trockenpilze
100 g Möhren
100 g Bambussprossen (Dose)
100 g Zucchini
100 g Stangensellerie
100 g rote oder grüne Paprikaschoten
100 g gepresster, gewürzter Tofu
250 g Eissalat
1½ TL Erdnussöl
1 EL Knoblauch, grob gehackt
3 EL Schalotten, fein gehackt
3 EL Frühlingszwiebeln, fein gehackt
2 TL helle Sojasauce
2 TL Shaoxing-Reiswein oder trockener Sherry
3 EL vegetarische Austernsauce
Salz und schwarzer Pfeffer aus der Mühle nach Geschmack

ZUM SERVIEREN
4 EL Hoisinsauce

V Kann im Voraus zubereitet werden. Gemüse bis einschließlich Schritt 3 vorbereiten, zudecken und bis zu 6 Stunden kühl stellen.

1 Trockenpilze 20 Minuten in warmem Wasser einweichen.

2 Möhren putzen und in 5 cm lange dünne Streifen schneiden. Bambussprossen, Zucchini und Sellerie ebenso vorbereiten. Paprikaschoten halbieren, weiße Teile und Kerne entfernen, ebenfalls in Streifen schneiden. Den gepressten Tofu in kleine Würfel schneiden. Salat in Blätter auseinander nehmen und waschen. In der Schleuder trocknen und zugedeckt in den Kühlschrank stellen.

3 Pilze abgießen, Wasser wegschütten. Überschüssige Flüssigkeit aus den Pilzen herausdrücken. Stiele abschneiden und wegwerfen. Die Kappen in 5 cm lange schmale Streifen schneiden. **V**

4 Wok bei starker Hitze heiß werden lassen, dann das Öl hineingießen. Sobald es leicht zu rauchen beginnt, Knoblauch, Schalotten und Frühlingszwiebeln dazugeben und 20 Sekunden unter Rühren braten.

5 Möhren dazugeben und 1 Minute unter Rühren braten.

6 Das übrige Gemüse, Sojasauce, Reiswein oder trockenen Sherry, Austernsauce, Salz und Pfeffer dazugeben und alles 3 Minuten unter Rühren schmoren.

7 Auf eine vorgewärmte Platte geben. Salatblätter auf einer anderen Platte verteilen, die Hoisinsauce in eine kleine Schale füllen und sofort servieren. Jeder nimmt eine kleine Portion Gemüse, gibt es auf ein Salatblatt, gießt ein wenig Hoisinsauce darüber, drückt das Salatblatt zusammen und isst es mit den Fingern.

gemüse

FÜR 2 PERSONEN ALS HAUPTGERICHT,
ODER FÜR 4 PERSONEN ALS BEILAGE
VORBEREITUNGSZEIT: 35 MINUTEN
GARZEIT: 20–25 MINUTEN

Dieses Rezept habe ich für eine Demonstration eines vegetarischen Menüs im Hotel Oriental in Bangkok kreiert. Ich nehme dazu eine leichte vegetarische Brühe statt einer gehaltvolleren Sauce. Diesmal verwendet man einen beschichteten Wok.

würzig gefüllter tofu

500 g fester Tofu
2½ EL Olivenöl

FÜLLUNG
2 EL Knoblauch, grob gehackt
3 EL Möhren, klein gewürfelt
25 g Champignons, klein gewürfelt
3 EL Zucchini, klein gewürfelt
2 EL frische rote Chilischoten, entkernt und fein gehackt
2 EL Frühlingszwiebeln, fein gehackt
2 EL Schnittlauch, fein gehackt
2 EL Koriandergrün, fein gehackt
3 EL Cashewnüsse, geröstet, fein gehackt
2 EL Basilikum, fein gehackt
Salz und schwarzer Pfeffer aus der Mühle nach Geschmack

SAUCE
100 ml Gemüsefond (siehe Seite 25/26)
3 EL vegetarische Austernsauce

1 Tofu abtropfen lassen und in 5 mal 3 cm große Scheiben schneiden. Auf Küchenkrepp weitere 30 Minuten trocknen lassen.

2 Wok bei starker Hitze heiß werden lassen. 1 Esslöffel Olivenöl hineingießen, Hitze reduzieren und den Knoblauch dazugeben. Etwa 30 Sekunden unter Rühren hellbraun braten. Möhren, Pilze, Zucchini und Chilischoten dazugeben und 3 Minuten unter Rühren braten.

3 Frühlingszwiebeln, Schnittlauch, Koriandergrün, Cashewnüsse, Basilikum, Salz und Pfeffer dazugeben, gut vermischen und vom Herd nehmen. In eine Schüssel geben und vollständig abkühlen lassen.

4 Tofuscheiben flach hinlegen. Mit einem Teelöffel eine Mulde in der Mitte aushöhlen, ohne dass die Stücke auseinander brechen. Einen Löffel Füllung in jede Mulde geben.

5 Einen beschichteten Wok heiß werden lassen. Das übrige Olivenöl hineingießen und Hitze auf die niedrigste Stufe stellen. Die Tofuscheiben in 8 bis 10 Minuten goldbraun braten, nicht rühren.

6 Wok zudecken und weitere 5 Minuten ungestört garen. Die Scheiben herausnehmen, auf Küchenkrepp legen und 1 Minute abtropfen lassen. Behutsam auf eine vorgewärmte Platte legen.

7 Wok erneut erhitzen. Wenn er heiß ist, Gemüsefond und vegetarische Austernsauce hineingeben und gut erhitzen. Sauce über die Tofuscheiben gießen und sofort servieren.

FÜR 2–4 PERSONEN ALS BEILAGE
VORBEREITUNGSZEIT: 5 MINUTEN
GARZEIT: 8–10 MINUTEN

Grüne Bohnen schmecken am besten, wenn sie im Wok rasch gebraten und mit Knoblauch aromatisiert werden. Dieses einfache vegetarische Gericht eignet sich auch als schmackhafte Beilage zu Fleisch.

grüne bohnen mit knoblauch

500 g grüne Bohnen, geputzt
1½ TL Erdnussöl
3 EL Knoblauch, in dünnen Scheiben
Salz und schwarzer Pfeffer aus der Mühle nach Geschmack
1 TL Zucker
3 EL Shaoxing-Reiswein oder trockener Sherry

1 Die Bohnen halbieren, wenn sie länger sind als 8 cm.

2 Wok bei starker Hitze heiß werden lassen, dann das Öl hineingießen. Sobald es sehr heiß ist, den Knoblauch dazugeben und 30 Sekunden unter Rühren braten.

3 Bohnen, Salz, Pfeffer, Zucker und Reiswein oder trockenen Sherry dazugeben und 1 Minute unter Rühren schmoren.

4 Wok zudecken. Bohnen in etwa 10 Minuten gar köcheln lassen. Wenn nötig, etwas Reiswein, Sherry oder Wasser dazugießen.

5 Deckel abnehmen und unter Rühren schmoren, bis die Flüssigkeit vollständig verdampft ist.

6 Auf eine vorgewärmte Platte geben und sofort servieren.

nudeln und reis

FÜR 4 PERSONEN ALS BEILAGE
VORBEREITUNGSZEIT: 2 STUNDEN,
EINSCHLIESSLICH ABKÜHLEN
GARZEIT: 10 MINUTEN

Der Reis für dieses Rezept muss vorgekocht werden, damit er richtig gebraten werden kann. Außerdem müssen Sie ihn abkühlen lassen, denn wenn er heiß in den Wok kommt, saugt er das Öl auf und wird klumpig. Beim Kühlen „setzt" sich die Stärke und klebt nicht mehr. Dieses Gericht kann man auch gut kalt servieren.

ananasreis

300 g Langkornreis (Zubereitung siehe Seite 26, „Reis dämpfen")
2 EL Erdnussöl
2 EL Knoblauch, grob gehackt
2 TL Ingwerwurzel, fein gehackt
175 g Rinder- oder Schweinehackfleisch
Salz und schwarzer Pfeffer aus der Mühle nach Geschmack
225 g Ananas (frisch oder Dose), gehackt
3 EL Frühlingszwiebeln, fein gehackt

V Kann im Voraus zubereitet werden. Reis zugedeckt bis zu 24 Stunden im Kühlschrank aufbewahren.

1 Den Reis mindestens 2 Stunden vor der Weiterverarbeitung zubereiten, am besten am vorangehenden Abend. Auf Backpapier verteilen und vollständig abkühlen lassen. Zugedeckt in den Kühlschrank stellen. **V**

2 Wok bei starker Hitze heiß werden lassen, dann das Öl hineingießen. Sobald es leicht zu rauchen beginnt, Knoblauch und Ingwer dazugeben und 20 Sekunden unter Rühren braten.

3 Hackfleisch dazugeben und 2 Minuten unter Rühren braten. Den kalten Reis dazugeben und 3 Minuten unter Rühren braten, er soll gut heiß werden. Mit Salz und Pfeffer würzen.

4 Die Ananasstücke dazugeben, weitere 2 bis 3 Minuten unter Rühren schmoren, dann auch die Frühlingszwiebeln und noch mehrmals umrühren.

5 Auf eine vorgewärmte Platte geben und sofort servieren.

FÜR 4 PERSONEN ALS HAUPTGERICHT,
ODER FÜR 6 PERSONEN ALS BEILAGE
VORBEREITUNGSZEIT: 2 STUNDEN,
EINSCHLIESSLICH ABKÜHLEN
GARZEIT: 10 MINUTEN

Für Vegetarier habe ich meine Variante des berühmten indonesischen Nasi Goreng geschaffen. Zwar habe ich die traditionellen gebratenen Eier beibehalten, aber Sie können sie auch gut weglassen. Wie beim Rezept auf Seite 132 sollte der Reis vorgekocht und kalt in den Wok gegeben werden.

vegetarisches nasi goreng

300 g Langkornreis (Zubereitung siehe Seite 26, „Reis dämpfen")
2 Eier
2 TL Sesamöl
Salz nach Geschmack
2 EL Erdnussöl
2 EL Knoblauch, grob gehackt
1 Zwiebel, fein gehackt
2 TL Ingwerwurzel, fein gehackt
schwarzer Pfeffer aus der Mühle nach Geschmack
1 TL Zucker
2 EL vegetarische Austernsauce
1 EL Chili-Bohnen-Sauce
1 EL dunkle Sojasauce

ZUM GARNIEREN
1 EL Erdnussöl
4 Eier
3 EL Frühlingszwiebeln, fein gehackt
etwas Koriandergrün

V Kann im Voraus zubereitet werden. Reis zugedeckt bis zu 24 Stunden im Kühlschrank aufbewahren.

1 Den Reis mindestens 2 Stunden vor der Weiterverarbeitung zubereiten, am besten am vorangehenden Abend. Auf Backpapier verteilen und vollständig abkühlen lassen. Zugedeckt in den Kühlschrank stellen. **V**

2 In einer kleinen Schüssel die Eier mit dem Sesamöl und etwas Salz leicht schlagen, beiseite stellen.

3 Wok bei starker Hitze heiß werden lassen, dann das Öl hineingießen. Sobald es leicht zu rauchen beginnt, Knoblauch, Zwiebel, Ingwer, Salz und Pfeffer dazugeben und unter Rühren 2 Minuten braten.

4 Den kalten Reis dazugeben und weitere 3 Minuten unter Rühren braten.

5 Zucker, Austernsauce, Chili-Bohnen-Sauce und Sojasauce dazugeben und unter Rühren 2 Minuten schmoren.

6 Die geschlagenen Eier dazugeben und 1 Minute unter Rühren garen. Alles auf einem warmen Teller beiseite stellen.

7 Den Wok mit Küchenkrepp auswischen und erneut erhitzen, dann das Erdnussöl hineingießen. Sobald es heiß ist, die Eier darin braten.

8 Mit dem Bratenheber die Spiegeleier herausheben, auf den Reis geben und mit Frühlingszwiebeln und Koriandergrün bestreuen. Sofort servieren.

FÜR 4–6 PERSONEN ALS BEILAGE
VORBEREITUNGSZEIT: 2 STUNDEN,
EINSCHLIESSLICH ABKÜHLEN
GARZEIT: 6 MINUTEN

Ein ganz einfach zu machendes Reisgericht mit dem feinen Geschmack frischer Garnelen, das man gut wieder aufwärmen kann. Wie in den vorangegangenen Rezepten wird der Reis vorher gekocht und kalt in den Wok gegeben.

garnelenreis

300 g Langkornreis (Zubereitung siehe Seite 26, „Reis dämpfen")
250 g rohe Garnelen, ungeschält, frisch oder tiefgefroren
2 EL Erdnussöl
2 EL Knoblauch, grob gehackt
2 TL Ingwerwurzel, fein gehackt
Salz und schwarzer Pfeffer aus der Mühle nach Geschmack
2 große Eier
2 TL Sesamöl
3 EL Frühlingszwiebeln, fein gehackt

1 Den Reis mindestens 2 Stunden vor der Weiterverarbeitung zubereiten, am besten am vorangehenden Abend. Auf Backpapier verteilen und vollständig abkühlen lassen.

2 Tiefgefrorene Garnelen vollständig auftauen lassen. Garnelen schälen, mit einem kleinen scharfen Messer den Darm entfernen. Waschen und mit Küchenkrepp trockentupfen. Garnelen grob hacken.

3 Den Wok bei starker Hitze heiß werden lassen, dann das Öl hineingießen. Sobald es leicht zu rauchen beginnt, Knoblauch, Ingwer, Salz und Pfeffer dazugeben und 20 Sekunden unter Rühren braten.

4 Die Garnelen und den kalten Reis dazugeben und 3 Minuten unter Rühren braten.

5 In einer kleinen Schüssel die Eier mit dem Sesamöl und etwas Salz verrühren, auf den Reis träufeln und weitere 2 bis 3 Minuten unter Rühren braten, bis das Ei fest geworden und die Flüssigkeit verdampft ist.

6 Frühlingszwiebeln dazugeben und mehrmals umrühren.

7 Auf eine vorgewärmte Platte geben und sofort servieren.

FÜR 4 PERSONEN ALS BEILAGE
VORBEREITUNGSZEIT: 5 MINUTEN
GARZEIT: 10 MINUTEN

Alle lieben Nudeln, und hier gibt es sie mit zartem Brokkoli. Man kann die Nudeln im Voraus zubereiten und bis zu 24 Stunden in den Kühlschrank stellen.

nudeln mit brokkoli

250 g Eiernudeln, frisch oder aus der Packung
1 EL und 2 TL Sesamöl
500 g Brokkoli
1½ EL Erdnussöl
3 EL Knoblauch, grob gehackt
Salz und schwarzer Pfeffer aus der Mühle nach Geschmack
2 EL Shaoxing-Reiswein oder trockener Sherry
1 EL Chili-Bohnen-Sauce
1 TL Zucker
4–5 EL Wasser

1 Nudeln 5 Minuten in heißem gesalzenem Wasser kochen. Dann für einige Sekunden in kaltes Wasser tauchen, damit sie nicht weiter garen, und gründlich abtropfen lassen. 1 Esslöffel Sesamöl untermischen und beiseite stellen.

2 Brokkoli in Röschen schneiden. Die dicken Stängel schälen und in etwa 2 mm dünne Scheiben schneiden. Beides zusammen in kochendem Salzwasser 3 Minuten blanchieren. In kaltem Wasser abschrecken und erkalten lassen, gründlich abtropfen lassen.

3 Den Wok bei starker Hitze heiß werden lassen, dann das Öl hineingießen. Sobald es leicht zu rauchen beginnt, den Knoblauch dazugeben und 20 Sekunden unter Rühren braten. Salz, Pfeffer, Reiswein oder trockenen Sherry, Chili-Bohnen-Sauce und Zucker dazugeben und unter Rühren nochmals 20 Sekunden schmoren.

4 Brokkoli und 2 bis 3 Esslöffel Wasser in den Wok geben. Bei mittlerer Hitze etwa 4 Minuten unter Rühren gut heiß werden lassen. Wenn nötig, noch Wasser dazugeben.

5 Die Nudeln untermischen und gut umrühren.

6 Das übrige Sesamöl dazugeben und alles 30 Sekunden unter Rühren schmoren.

7 Auf eine vorgewärmte Platte geben und sofort servieren.

nudeln und reis

FÜR 2 PERSONEN ALS HAUPTGERICHT,
FÜR 4 PERSONEN ALS BEILAGE
VORBEREITUNGSZEIT: 25 MINUTEN
GARZEIT: 8 MINUTEN

Dieses Nudelgericht ist in ganz Thailand populär und eine wahre Symphonie von süßen, sauren und würzigen Aromen. Es gibt davon so viele Varianten wie es Köche gibt. Obwohl ich hier die traditionellen getrockneten Krabben weggelassen habe, schmeckt es genauso köstlich wie das Original.

vegetarisches phad thai

250 g Reis-Bandnudeln
50 g Schalotten
100 g Zwiebeln
4 Frühlingszwiebeln
3 frische rote Chilischoten (oder grüne für mehr Schärfe)
2 EL Erdnussöl
3 EL Knoblauch, grob gehackt
3 EL Fischsauce oder helle Sojasauce
1 EL Shaoxing-Reiswein oder trockener Sherry
1 EL Limettensaft
1 EL helle Sojasauce
Salz und schwarzer Pfeffer aus der Mühle nach Geschmack
1 EL Zucker
2 EL vegetarische Austernsauce
250 g frische Bohnensprossen
etwas Koriandergrün

ZUM GARNIEREN
3 EL geröstete Erdnüsse, grob gehackt

1 Reisnudeln 25 Minuten in heißem Wasser einweichen.

2 Schalotten und Zwiebeln schälen und in dünne Scheiben schneiden. Frühlingszwiebeln schräg in 2 bis 3 cm große Stücke schneiden. Chilischoten entkernen und fein hacken.

3 Nudeln aus dem Wasser nehmen und gründlich abtropfen lassen.

4 Wok bei starker Hitze heiß werden lassen, dann das Öl hineingießen. Sobald es leicht zu rauchen beginnt, Schalotten, Zwiebeln, Frühlingszwiebeln, Chilischoten und Knoblauch dazugeben und 1 Minute unter Rühren braten.

5 Die Reisnudeln, Fischsauce oder Sojasauce, Reiswein oder Sherry, Limettensaft, Sojasauce, Pfeffer, Zucker und Austernsauce dazugeben und unter ständigem Rühren 2 Minuten schmoren.

6 Die Bohnensprossen dazugeben und weitere 4 Minuten unter Rühren schmoren.

7 Das Koriandergrün dazugeben und unter Rühren 30 Sekunden heiß werden lassen.

8 Auf eine vorgewärmte Platte geben, der Erdnüsse darüber streuen und sofort servieren.

FÜR 2–4 PERSONEN ALS BEILAGE
VORBEREITUNGSZEIT: 2 STUNDEN, EINSCHLIESSLICH ZEIT ZUM ABKÜHLEN
GARZEIT: 12 MINUTEN

Ich habe dieses von einem meiner malaysischen Köche kreierte Rezept für die vegetarische Küche abgewandelt. Wie bei den vorangehenden Rezepten wird der Reis vorgekocht und kalt in den Wok gegeben. Man kann das Gericht gut in der Mikrowelle aufwärmen oder kalt als Reissalat servieren.

knallfroschreis

300 g Langkornreis (Zubereitung siehe Seite 26, „Reis dämpfen")
2 EL Erdnussöl
2 TL Sesamöl
3 EL Knoblauch, grob gehackt
1 Zwiebel, fein gehackt
2 EL Chili-Bohnen-Sauce
Salz und schwarzer Pfeffer aus der Mühle nach Geschmack
1 TL Chiliöl
3 EL Frühlingszwiebeln, fein gehackt
2 EL Koriandergrün, fein gehackt

V Kann im Voraus zubereitet werden. Reis zugedeckt bis zu 24 Stunden im Kühlschrank aufbewahren. Wenn das Gericht später serviert und aufgewärmt werden soll, bis einschließlich Schritt 4 zubereiten, abkühlen lassen und zugedeckt bis zu 24 Stunden in den Kühlschrank stellen. 5 bis 10 Minuten im Wok erwärmen und Schritte 5 und 6 ausführen.

1 Den Reis mindestens 2 Stunden vor der Weiterverarbeitung zubereiten, am besten am vorangehenden Abend. Auf Backpapier verteilen und vollständig abkühlen lassen. **V**

2 Wok bei starker Hitze heiß werden lassen, dann das Erdnuss- und Sesamöl hineingießen. Sobald das Öl leicht zu rauchen beginnt, Knoblauch und Zwiebeln dazugeben und 2 Minuten unter Rühren braten.

3 Den Reis in den Wok geben und weitere 5 Minuten unter Rühren braten.

4 Chili-Bohnen-Sauce, Salz, Pfeffer und Chiliöl dazugeben und 3 bis 4 Minuten weiter schmoren.

5 Frühlingszwiebeln und Koriander darüber streuen und 1 Minute weiter rühren.

6 Auf eine vorgewärmte Platte geben und heiß servieren oder abkühlen lassen und als Reissalat reichen

FÜR 4 PERSONEN ALS BEILAGE
VORBEREITUNGSZEIT: 20–25 MINUTEN
GARZEIT: 5 MINUTEN

Vor wenigen Jahren hätte ich dieses Gericht in Europa kaum zubereiten können, weil es damals kein frisches Koriandergrün gab. Heute ist das kein Problem mehr. Für die vegetarische Variante verwenden Sie statt Hühnerfond Gemüsefond.

knoblauchnudeln mit koriander

175 g Reis-Bandnudeln
250 g Erbsen, frisch oder tiefgefroren
2 EL Erdnussöl
2 TL Sesamöl
2 EL Knoblauch, grob gehackt
3 EL Hühnerfond oder Gemüsefond
   (siehe Seite 23–26)
Salz und schwarzer Pfeffer aus
   der Mühle nach Geschmack
3 EL Koriandergrün, fein gehackt
6 EL Frühlingszwiebeln, fein gehackt

1 Nudeln in heißem Wasser einweichen (Bandnudeln 25 Minuten, Fadennudeln 20 Minuten). In einem Sieb gründlich abtropfen lassen.

2 Frische Erbsen in kochendem Wasser 2 Minuten blanchieren, abtropfen lassen und beiseite stellen. Tiefgefrorene Erbsen bei Raumtemperatur auftauen lassen.

3 Wok bei starker Hitze heiß werden lassen, dann Erdnuss- und Sesamöl hineingießen. Sobald das Öl heiß ist, Knoblauch dazugeben und 10 Sekunden unter Rühren braten.

4 Die Nudeln dazugeben und 2 Minuten unter Rühren braten.

5 Fond, Salz, Pfeffer, Erbsen, Koriandergrün und Frühlingszwiebeln dazugeben und weitere 2 Minuten unter Rühren schmoren.

6 Auf eine vorgewärmte Platte geben und sofort servieren.

nudeln und reis

FÜR 2 PERSONEN ALS HAUPTGERICHT,
FÜR 4 PERSONEN ALS BEILAGE
VORBEREITUNGSZEIT: 25 MINUTEN
GARZEIT: 10 MINUTEN

Eines der schnellsten und einfachsten Nudelgerichte, das ich kenne. Kaufen Sie die beste Austernsauce, die Sie bekommen können, dann erledigt sich das Kochen wie von selbst.

nudeln mit hackfleisch und austernsauce

250 g Reis-Bandnudeln
2 TL Sesamöl
1 EL helle Sojasauce
1 EL Erdnussöl
500 g Schweinehackfleisch
5 EL Austernsauce
3 EL Hühnerfond (siehe Seite 24/25)
2 TL Zucker
1 EL Ingwerwurzel, fein gehackt
6 EL Frühlingszwiebeln, fein gehackt

1 Nudeln 25 Minuten in heißem Wasser einweichen und in einem Sieb gründlich abtropfen lassen. Mit Sesamöl und Sojasauce vermischen und beiseite stellen.

2 Wok bei starker Hitze heiß werden lassen, dann das Erdnussöl hineingießen. Sobald es leicht zu rauchen beginnt, Hackfleisch hineingeben und 2 Minuten unter Rühren braten, dabei gut zerteilen.

3 Austernsauce, Hühnerfond und Zucker dazugeben und weitere 3 Minuten unter Rühren schmoren.

4 Ingwer, Frühlingszwiebeln und Nudeln dazugeben und unter Rühren 4 Minuten schmoren. Das Schweinefleisch muss durchgegart sein, es darf nicht mehr rosa sein.

5 Auf eine vorgewärmte Platte geben und sofort servieren.

FÜR 2 PERSONEN ALS HAUPTGERICHT,
FÜR 4 PERSONEN ALS BEILAGE
VORBEREITUNGSZEIT: 5 MINUTEN
GARZEIT: 8–10 MINUTEN

Diese schnell zubereiteten Nudeln ergeben ein köstliches Hauptgericht oder eine Beilage. Man kann die Nudeln im Voraus kochen und bis zu 24 Stunden im Kühlschrank aufbewahren. Vegetarier verwenden vegetarische Austernsauce und Gemüsefond statt Hühnerfond.

würzige nudeln in knoblauch

250 g Eiernudeln, frisch oder aus der Packung
4 TL Sesamöl
1½ EL Erdnussöl
5 EL Knoblauch, grob gehackt
1 EL helle Sojasauce
3 EL Austernsauce
3 EL Hühnerfond oder Gemüsefond (siehe Seite 23–26)
schwarzer Pfeffer aus der Mühle nach Geschmack
3 EL Frühlingszwiebeln, fein gehackt

1 Nudeln in einem großen Topf 3 bis 5 Minuten in gesalzenem Wasser kochen. 1 Minute in kaltem Wasser abkühlen, dann gründlich abtropfen lassen. Mit der Hälfte des Sesamöls vermischen und beiseite stellen.

2 Wok bei starker Hitze heiß werden lassen, dann das Erdnussöl hineingießen. Sobald es heiß ist, Knoblauch dazugeben und in etwa 30 Sekunden goldbraun braten.

3 Die Nudeln dazugeben und 3 Minuten unter kräftigem Rühren braten.

4 Sojasauce, Austernsauce, Fond, Pfeffer, Frühlingszwiebeln und das übrige Sesamöl dazugeben und alles gut vermischen.

5 Auf eine vorgewärmte Platte geben und sofort servieren.

nachspeisen

FÜR 4–6 PERSONEN
VORBEREITUNGSZEIT: 15 MINUTEN
GARZEIT: 10 MINUTEN

Verwenden Sie einen beschichteten Wok, denn in einem normalen Wok würde die Säure der Beeren und der Kokosmilch mit dem Material reagieren und die Zutaten unappetitlich grau färben. Bis einschließlich Schritt 4 können Sie das Gericht im Voraus zubereiten.

melone mit kokosmilch

2 Dosen Kokosmilch (je 400 ml)
2 EL Zucker
150 ml kalte Milch
1,5 kg reife Honigmelonen (1–2 Stück)

ZUM GARNIEREN
einige Basilikumblätter

V Kann in 2 Stufen im Voraus zubereitet werden. Bis einschließlich Schritt 2 fertig stellen und zugedeckt bis zu 24 Stunden im Kühlschrank aufbewahren. Dann bis einschließlich Schritt 4 fortfahren, mit Frischhaltefolie bedecken und bis zu 6 Stunden kühl stellen.

1 In einem beschichteten Wok Kokosmilch und Zucker verrühren, zum Kochen bringen und 10 Minuten köcheln lassen. Die Mischung soll einzudicken beginnen.

2 Die kalte Milch darunter rühren, Wok vom Herd nehmen und vollständig abkühlen lassen. In eine Schüssel umfüllen, mit Frischhaltefolie zudecken und kühl stellen. Das kann schon am Vortag erfolgen. **V**

3 Aus etwa einem Viertel einer Melone Kugeln ausstechen. In einer Schüssel mit Frischhaltefolie bedeckt in den Kühlschrank stellen.

4 Die restlichen Melonen schälen und entkernen. In große Stücke schneiden und im Mixer zu einer dicken Flüssigkeit pürieren. In eine Schüssel gießen, mit Frischhaltefolie zudecken und kühl stellen. **V**

5 Vor dem Servieren die beiden Mischungen folgendermaßen vereinen: In eine Suppenterrine die Kokosmilchmischung auf einer Seite hineingießen und gleichzeitig die pürierte Melone auf der anderen, sodass ein Jin-und-Jang-Muster entsteht. Die Melonenkugeln dazugeben, mit Basilikum garnieren und einmal vorsichtig umrühren.

FÜR 4 PERSONEN
VORBEREITUNGSZEIT:
1 STUNDE 10 MINUTEN,
EINSCHLIESSLICH ABKÜHLEN

Ein scharfer, aber erfrischender Schlusspunkt eines Mahls, stilvoll und einfach zuzubereiten. Man braucht nichts zu kochen und kann das Dessert schon einige Stunden im Voraus zubereiten. Ideal für ein Familienessen oder für Gäste.

erdbeeren mit kandiertem ingwer

500 g Erdbeeren
3 EL Zucker
3 EL kandierter Ingwer oder Ingwer in Sirup
1 EL Orangenlikör

V Kann im Voraus zubereitet werden. Zugedeckt bis 4 Stunden im Kühlschrank aufbewahren.

1 Erdbeeren mit einem feuchten Tuch abwischen, Stiele entfernen. Beeren halbieren, mit dem Zucker vorsichtig vermischen.

2 Von Ingwer in Sirup den Sirup abgießen. Ingwer fein hacken und zu den Erdbeeren geben. Orangenlikör dazugießen und untermischen.

3 Mit Frischhaltefolie zudecken und vor dem Servieren mindestens 1 Stunde kühl stellen. **V**

nachspeisen

FÜR 4 PERSONEN
VORBEREITUNGSZEIT: 10 MINUTEN

Ich reiche nur selten Süßspeisen nach einem Mahl, als erfrischenden Abschluss bevorzuge ich Obst. Wie bei den Erdbeeren im vorangehenden Rezept braucht hier nicht gekocht zu werden, und man kann den Salat ebenfalls im Voraus zubereiten.

orangensalat

4 große Orangen
einige Basilikumblätter, in Streifen geschnitten

V Kann im Voraus zubereitet werden. Zugedeckt bis zu 8 Stunden im Kühlschrank aufbewahren.

1 Orangen schälen und mit einem kleinen scharfen Messer in 5 mm dünne Scheiben schneiden. **V**

2 Auf einer Platte verteilen, mit Basilikum garnieren und servieren.

nachspeisen

FÜR 4 PERSONEN
VORBEREITUNGSZEIT: 5 MINUTEN
GARZEIT: 12 MINUTEN

Ich liebe dieses einfache Rezept, das sich im Wok im Handumdrehen zubereiten lässt. Welche Beeren Sie auch nehmen, auf die Vielfalt kommt es an. Mit Sahne oder Vanilleeis mag ich sie am liebsten. Verwenden Sie wegen der Fruchtsäure einen beschichteten Wok.

beeren mit zitronengras

3 Stängel frisches Zitronengras
100 g Zucker
150 ml Wasser
175 g Erdbeeren
175 g Himbeeren
175 g Heidelbeeren

1 Zitronengras abschälen, das weiche, weiße Innere mit dem flachen Messer zerdrücken und in 7 bis 8 cm lange Stücke schneiden.

2 Im beschichteten Wok Zucker und Wasser zum Kochen bringen. Zitronengras dazugeben und zugedeckt bei schwacher Hitze 10 Minuten köcheln lassen. Zitronengras herausnehmen und wegwerfen.

3 Die Beeren in den Wok geben und bei schwacher Hitze 2 Minuten erwärmen. Vom Herd nehmen und behutsam umrühren.

4 In einer Schüssel oder in Schalen warm servieren.

FÜR 4 PERSONEN
VORBEREITUNGSZEIT: 10 MINUTEN
GARZEIT: 20 MINUTEN

Klingt exotisch, ist aber sehr leicht zuzubereiten. Vor allem kommt es auf die Orangen an, die der Creme einen fruchtigen Geschmack verleihen. Sie können aber genauso gut anderes frisches Obst verwenden. Reichen Sie dazu die Kekse, die Sie am liebsten mögen.

gedämpfte eiercreme mit zitrone

4 Eier
2 Eigelb
8 EL Zucker
0,6 l Milch
2 EL Zitronenschale, in feinen Streifen
1 Orange, in Spalten

1 In einer Schüssel Eier und Eigelbe mit Zucker verrühren. Milch und Zitronenschale dazugeben und gut unterrühren.

2 Den Dämpfeinsatz oder das Gitter in den Wok stellen. Wok 5 cm hoch mit Wasser füllen. Wasser bei starker Hitze zum Kochen bringen. Milch-Eier-Mischung in eine Porzellan- oder Glasschale gießen und in den Dämpfer oder auf das Gitter stellen. Hitze reduzieren, Wok zudecken und 20 Minuten sanft dämpfen.

3 Kurz abkühlen lassen und überschüssige Flüssigkeit vorsichtig abgießen.

4 Mit den Orangenspalten warm servieren.

nachspeisen

ZUSAMMENSTELLEN EINES MENÜS

CHINESISCH ESSEN

Die klassische chinesische Mahlzeit setzt sich zusammen aus Suppe, einem Reis-, Nudel- oder Brotgericht, Gemüse und wenigstens zwei weiteren Gerichten, die hauptsächlich aus Fleisch, Fisch oder Huhn bestehen können. Vor und nach dem Mahl kann Tee gereicht werden, aber während der Mahlzeit ist die Suppe – in Wirklichkeit eine Brühe – das einzige „Getränk". Die Suppe oder Brühe wird zu der gesamten Mahlzeit getrunken und nicht wie im Westen als Vorgericht serviert. Die Ausnahme bildet das große Essen in Gesellschaft, bei dem die Suppe, wenn überhaupt, am Ende des Mahls oder als „Gaumenklärer" zwischen den Gängen gereicht wird. Zu solchen Anlässen werden zum Essen Wein, Bier, Spirituosen und Fruchtsäfte getrunken. Bei solchen Banketten – die wirklich sehr aufwändig sind – werden die Gerichte nacheinander aufgetragen und einzeln genossen, damit ihr Geschmack richtig gewürdigt werden kann. Acht bis zwölf Gänge sind keine Seltenheit. Reis kommt erst am Schluss auf den Tisch, für den Fall, dass jemand nicht satt geworden sein und Appetit auf gebratenen Reis haben sollte.

Beim normalen Essen in der Familie stehen alle Gerichte der Mahlzeit in der Mitte des Tischs, einschließlich der Suppe. Jeder hat seine Reisschale, in die er eine ordentliche Portion gedämpften Reis gibt. Mit den Essstäbchen holt man sich von der großen Platte, was man gern essen möchte, und legt es auf den Reis – aber immer nur von einem Gericht. Hat man das verzehrt, nimmt man wieder Reis und eine kleine Portion von einem anderen Gericht. Einem Chinesen würde es nicht im Traum einfallen, seine Schale mit dem vollzuschaufeln, was ihm seiner Meinung nach anteilig zusteht. Essen ist ein gesellschaftliches Ereignis, und jeder achtet darauf, dass alle von allem ihren Anteil bekommen. Ein Training in kultiviertem, sozial verantwortlichem Verhalten.

Natürlich können Sie chinesische Gerichte so essen, wie es Ihnen gefällt. Ich finde, sie vertragen sich sehr gut mit vielen Gerichten der europäischen Küche. Wenn Sie zum ersten Mal chinesisch kochen, können Sie sich damit leichter vertraut machen, wenn Sie sich ein oder zwei Gerichte aussuchen und in ein nicht-chinesisches Menü integrieren. Chinesische Suppen zum Beispiel sind ausgezeichnete Vorspeisen, und gebratenes Gemüse passt gut zu allem Gegrillten oder Gebratenen.

Wenn Sie ein ganzes chinesisches Menü zusammenstellen, achten Sie auf harmonische Vielfalt der Geschmacksrichtungen, Farben, Formen und Konsistenz. Neben der Standardspeise gedämpfter Reis sollten Sie Fleisch, Geflügel und Fisch berücksichtigen. Es ist besser, etwa ein Fleischgericht und ein Fischgericht zu servieren statt zwei Fleischgerichte, auch wenn es verschiedene Fleischsorten sind. Eine Mahlzeit ist ausgewogener und leichter zuzubereiten, wenn Sie sich verschiedener Kochmethoden bedienen. Reichen Sie eine im Wok gebratene Speise zu einem geschmorten, gedämpften oder kalten Gericht. Wichtig ist, dass man das eine oder andere im Voraus zubereiten kann. Beschränken Sie sich auf maximal zwei Gerichte aus dem Wok, sonst kommen Sie in große Hektik.

Die chinesische Küche kann sehr zeitaufwändig sein. Die Rezepte gehen davon aus, dass Sie pro Mahlzeit zwei Hauptgerichte aus Fleisch, Huhn oder Fisch vorsehen, neben Gemüse, Reis oder Nudeln und eventuell auch Suppe. In diesem Fall beläuft sich der Anteil an Fleisch, Huhn oder Fisch pro Person auf etwa 175 bis 225 g. Sollten Sie nur ein Hauptgericht planen, müssen Sie die im Rezept angegebene Menge (zum Beispiel für Fleisch) verdoppeln. Auf diese Weise kochen Sie auch chinesisch, haben aber nicht ganz so viel Arbeit wie bei zwei Hauptgerichten. Sobald Sie etwas Routine gewonnen haben, wird es Ihnen leichter fallen, richtig chinesisch zu kochen und zwei Hauptgerichte zu servieren.

MENÜVORSCHLÄGE FÜR SCHLICHTE, ABER STILVOLLE MENÜS

Vor zwanzig Jahren, als ich jung und naiv war (jetzt bin ich zwar viel älter, aber nicht klüger), gefiel ich mir in der Rolle des extravaganten Gastgebers. Zwölf Gäste und zwölf Gänge mussten es mindestens sein. Ich verbrachte Tage mit der Zubereitung umständlicher und möglichst unbekannter chinesischer Speisen. Unter der Last meiner beruflichen Verpflichtungen habe ich meinen Lebensstil drastisch verändert. Ich lade jetzt nie mehr als sechs Gäste ein und beschränke mich auf drei Gänge, weil ich nämlich festgestellt habe, dass meine Freunde diese kleinen Zusammenkünfte genauso sehr schätzen wie die üppigen Gelage der Vergangenheit.

Hier also die Vorschläge für einfache, aber stilvolle Menüs, wie ich sie heute bevorzuge. Außerdem mache ich einige Vorschläge für rasch zubereitete Alltagsmenüs.

Wenn Sie Gäste einladen, denken Sie an Folgendes:

- Laden Sie nur Leute ein, die Sie wirklich mögen. Für mich gibt es nichts Schöneres als drei, vier Stunde im Kreis echter Freunde. Bedenken Sie, dass anregende Unterhaltung genauso wichtig ist wie Essen und Trinken. Laden Sie nicht immer dieselben Leute ein, sondern variieren Sie die Zusammensetzung. Laden Sie niemals Personen aus nur einer Berufsgruppe ein; nichts ist frustrierender als einen ganzen Abend Fachsimpelei.
- Knausern Sie nicht; kaufen Sie nur die besten Zutaten und gute Weine. Sie haben ja nur drei Gänge, und die müssen erstklassig sein. Und schließlich soll man Ihre Kochkunst in angenehmer Erinnerung behalten.
- Machen Sie keine Experimente, verwenden Sie nur erprobte und bewährte Rezepte. Ständiges Nachdenken, ob auch alles klappen wird, erzeugt nur Stress. Das heißt aber nicht, dass Sie sich auf die Küche eines Landes beschränken müssen. Zum Beispiel können Sie mit einer (im Voraus zubereiteten) Suppe eröffnen, mit Hühnchen aus dem Wok und Reis fortfahren und als dritten Gang gebratenes Gemüse offerieren.
- Versuchen Sie nicht, Eindruck zu machen. Ich finde es nobler, schnell und einfach zu kochen, aber köstlich, statt aufwändig und mittelmäßig. Anderer Leute Essgewohnheiten brauchen Sie nicht zu interessieren; wenn Sie gern Rotwein zu Fisch trinken, dann tun Sie es auch vor Ihren Gästen.
- Wählen Sie nur solche Rezepte, die Sie als Laie beherrschen. Wenn Sie kein professioneller Koch sind, wird keiner Ihrer Gäste erwarten, dass Sie wie ein solcher kochen. Planen Sie nie mehr als zwei Gerichte aus dem Wok. Viele Gerichte in diesem Buch können im Voraus zubereitet werden.
- An leichte Mahlzeiten erinnert man sich gewöhnlich am längsten. Leicht bedeutet: keine üppigen Saucen, kein rotes Fleisch; halten Sie sich an Fisch oder Huhn. Nichts ist schlimmer als eine schwere Mahlzeit, die einen die ganze Nacht hindurch verfolgt.
- Suppen, vor allem gute, sind eine stilvolle Eröffnung. Ich liebe sie, weil man sie schon Tage im Voraus zubereiten kann. Man friert sie ein und taut sie auf, sobald man sie braucht.
- Lassen Sie sich die ganze Einladung durch den Kopf gehen, bevor Sie die Einzelheiten planen. Viele Hobbyköche vergessen vor lauter Details die Ausgewogenheit der Speisen, die Logistik und dergleichen mehr. Versetzen Sie sich in die Rolle des Gastes. Wenn Ihnen das Gefühl sagt, es wird ein gelungenes Mahl, dann stehen die Chancen gut.
- Reichen Sie als Aperitif Champagner oder einen guten Sekt. Wenn Wein im Glase perlt, steigt die Stimmung, und dies ist wichtig dafür, wie der ganze Abend verläuft.
- Und ein guter Rat zum Schluss: Nicht hysterisch werden. Sollte etwas nicht so klappen wie geplant, erwähnen Sie es Ihren Gästen gegenüber mit keinem Wort. Betreiben Sie Krisenmanagement und lächeln Sie. Gönnen Sie sich noch ein Glas Sekt und geben Sie sich dem Genuss hin.

Die folgenden Menüvorschläge erheben keinen Anspruch auf Allgemeingültigkeit. Mischen und verändern Sie nach Herzenslust.

KLEINE RASCHE IMBISSE
Cashewnüsse in Curry (Seite 40)
Marinierte Hühnerleber (Seite 38)
Sesamhühnchen (Seite 34)

ELEGANTES MENÜ
Salz-und-Pfeffer-Garnelen (Seite 28)
Tomaten-Eierblumen-Suppe
mit Tofu (Seite 50)
Gedämpfter Fisch mit Ingwer (Seite 68)
Orangensalat (Seite 151)

GEMÜTLICHE WOK-MAHLZEIT
Vietnamesische Pho-Suppe (Seite 53)
Fünf-Gewürze-Pommes (Seite 124)
Grüne Bohnen mit Knoblauch (Seite 130)

VEGETARISCHES WOK-FESTIVAL
Auberginensalat (Seite 111)
Curry-Zucchini (Seite 119)
Spinat mit Ingwer (Seite 122)
Vegetarisches Phad Thai (Seite 139)

ETWAS FÜR KALTE WINTERTAGE
Vegetarische Eierblumensuppe (Seite 48)
Geschmortes Rinderhackfleisch
mit Tofu (Seite 106)
Spinat mit Ingwer (Seite 122)

EIN BELIEBTES, RASCHES NUDELMENÜ
Nudeln mit Hackfleisch und
Austernsauce (Seite 144)
Bohnen mit Chili-Tofu (Seite 118)

MEERESFRÜCHTE ZUM ANBEISSEN
Miesmuscheln mit Ingwer (Seite 56)
Garnelen in Knoblauch (Seite 58)
Pikanter Thunfisch (Seite 74)

WOK-GERICHTE FÜR DEN SOMMER
Jakobsmuscheln mit schwarzen
Bohnen (Seite 62)
Hühnchen in Salatblatt (Seite 83)
Mics Auberginenpüree (Seite 112)

zusammenstellen eines menüs

REGISTER

Hinweis: Seitenzahlen in **Fettdruck** verweisen auf Rezeptgruppen. Vegetarische Gerichte sind *kursiv* gesetzt.

A

Ananasreis 132
Andy Wais Bittermelonen-Omelett 113
Appetithappen siehe Vorspeisen und Appetithappen
Arbeitstechniken **20–21**
Auberginen
    Auberginensalat 111, 157
    Mics Auberginenpüree 112, 157
Austern 18
    Gedämpfte Austern
    in Ingwersauce 73
Austernsauce 17

B

Backhuhn mit Zwiebel-Ingwer-Sauce 78
Bambussprossen 10
Basilikum 10
Beeren mit Zitronengras 152
Birma-Garnelen 35
Bittermelone 10–11
Blanchieren 21
Bohnen 11, 17
    siehe auch Gemüse
    Bohnen mit Chili-Tofu 118, 157
    Bohnensprossen 11
    Grüne Bohnen mit Knoblauch 130, 157
    Köstliche Speckbohnen 116
    Rinderbrühe mit Glasnudeln 43
    Tofu 19–20
    Würzig gefüllter Tofu 128
Bohnen mit Chili-Tofu 118
Braten, unter Rühren 22–23
Bratfisch mit pikanter Tomatensauce 67
Bratenheber 9
Brokkoli, Nudeln mit Brokkoli 137

C

Cashewnüsse in Curry 40, 157
Cayennepfeffer 11
Chilischoten 11–12
    Chilli-Bohnen-Sauce 17
    Chiliöl 12
Chinesische Trockenpilze 15
Chinesischer weißer Rettich (Mooli) 14
Currypulver, Madras-Curry 12
Curry-Zucchini 119, 157

D

Dämpfen 22
Dämpfkorb 9
Duftendes Schmorgemüse 121

E

Eierblumensuppe 48, 157
Eiernudeln 14
Ente siehe Geflügel
Erdbeeren mit kandiertem Ingwer 150
Erdnussöl 15
Essig 12

F

Fisch und Schalentiere 18–19, **55–74**
    Bratfisch mit pikanter Tomatensauce 67
    Fisch mit Spinat 71
    Garnelen in Knoblauch 58, 157
    Garnelen mit Gurke 64
    Garnelen mit Koriander und Orange 65
    Garnelen mit Schnittlauch 59
    Gedämpfte Austern in Ingwersauce 73
    Gedämpfter Fisch mit Ingwer 68, 157
    Jakobsmuscheln mit schwarzen Bohnen 62
    Knusprige Garnelen im Teigmantel 60
    Miesmuscheln mit Ingwer und Frühlingszwiebeln 56, 157
    Pikanter Thunfisch 74
Fischsauce 17
Fleisch **91–106**
    Ananasreis (Rind oder Schwein) 132
    Geschmortes Rinderhackfleisch mit Tofu 106, 157
    Knoblauch-Schweinefleisch 96
    Köstliche Speckbohnen 116
    Lamm mit Knoblauch und Basilikum 92
    Lammcurry auf thailändische Art 95
    Nudeln mit Hackfleisch und Austernsauce 144, 157
    Rinderbrühe mit Glasnudeln 43
    Rinderfilet à l'orange 102
    Rinderfilet mit Austernsauce 105
    Schweinefleisch mit Cashewnüssen 101
    Schweinefleisch mit Gurke 100
    Schweinefleisch mit Mais 97
    Süß-saures Schweinefleisch mit Ananas 99
    Vietnamesische Pho-Suppe (Rind) 53, 157
Fritteuse 9
Frittieren 21–22
Fünf-Gewürze-Hühnerflügel 33
Fünf-Gewürze-Pommes 124, 157
Fünf-Gewürze-Pulver 12

G

Garnelen 18
    Garnelen im Teigmantel 60
    Garnelen in Knoblauch 58, 157
    Garnelen mit Gurke 64
    Garnelen mit Koriander und Orange 65
    Garnelen mit Schnittlauch 59
    Garnelenreis 136
    Garnelensuppe 44
Gebratene Pilze 37
Gedämpfte Austern in Ingwersauce 73
Gedämpfte Eiercreme mit Zitrone 154
Gedämpfter Fisch mit Ingwer 68
Gedämpfter Reis 26
Geflügel **75–90**
    Backhuhn mit Zwiebel-Ingwer-Sauce 78
    Fünf-Gewürze-Hühnerflügel 33
    Hühnchen im Salatblatt 83, 157
    Hühnchen in Sataysauce 87
    Hühnchen in Sojasauce 31
    Hühnchen mit Basilikum 82

Hühnchen mit Champignons 88
Hühnerbrühe mit Zitronengras 42
Knuspriges Curryhuhn 30
Marinierte Hühnerleber 38, 157
Pikante Hühnerleber 90
Sesamhühnchen 34
Süßes Ingwerhuhn 77
Thailändisches Hühnercurry 85
Würzige Ente
mit Austernsauce 80
Gemüse **107–130**
siehe auch einzelne Gemüsearten
Andy Wais Bittermelonen-Omelett 113
Auberginensalat 111
Bohnen mit Chili-Tofu 118
Curry-Zucchini 119
Duftendes Schmorgemüse 121
Fünf-Gewürze-Pommes 124
Gemüse-Tofu-Tempura 123
Grüne Bohnen mit Knoblauch 130
*Junger Mais mit Bohnen
und Paprika* 114
Köstliche Speckbohnen 116
Mics Auberginenpüree 112
*Schmorgemüse
im Salatblatt* 127
*Spargelsalat
nach chinesischer Art* 108
Spinat mit Ingwer 122
Würzig gefüllter Tofu 128
Gemüsefond 25–26
Gemüse-Tofu-Tempura 123
Geschmortes Rinderhackfleisch
mit Tofu 106, 157
Glasnudeln 14
Grundrezepte **23–26**
Grüne Bohnen mit Knoblauch 130, 157

H

Hackbeil 10
*Heidelbeeren,
Beeren mit Zitronengras* 152
Hoisinsauce 17
Holzspatel 9

Hühnchen siehe Geflügel
Hühnchen im Salatblatt 83, 157
Hühnchen in Sataysauce 87
Hühnchen in Sojasauce 31
Hühnchen mit Basilikum 82
Hühnchen mit Champignons 88
Hühnerbrühe mit Zitronengras 42
Pikante Hühnerleber 90
Hühnerfond 23–25

I

Ingwer 12–13
Ingwersauce 73
Ingwersaft 13
Zwiebel-Ingwer-Sauce 78

J

Jakobsmuscheln 19
Jakobsmuscheln mit schwarzen
Bohnen 62, 157
Junger Mais mit Bohnen und Paprika 114

K

Kammmuscheln siehe Jakobsmuscheln
Kartoffeln, Fünf-Gewürze-Pommes 124, 157
Knallfroschreis 140
Knoblauch 13
Garnelen in Knoblauch 58, 157
Knoblauch-Schweinefleisch 96
Knoblauchnudeln mit Koriander 143
Knusprige Garnelen im Teigmantel 60
Knuspriges Curryhuhn 30
Kochutensilien 8–10
Kokosmilch 13
Koriander, gemahlen 13
Koriandergrün 13
Garnelen mit Koriander und Orange 65
Knoblauchnudeln mit Koriander 143
Köstliche Speckbohnen 116

L

Lamm mit Knoblauch und Basilikum 92
Lammcurry auf thailändische Art 95
Lammfleisch siehe Fleisch
Limette 14

M

*Mais, Junger Mais mit Bohnen
und Paprika* 114
Marinieren 23
Marinierte Hühnerleber 38, 157
Melone 11
Andy Wais Bittermelonen-Omelett 113
Melone mit Kokosmilch 148
Menüplanung **155–157**
Mics Auberginenpüree 112, 157
Miesmuscheln 18
Miesmuscheln mit Ingwer 56, 157
Mirin (japanischer süßer Reiswein) 14
Mooli (chinesischer weißer Rettich) 14
Muscheln siehe Fisch und Schalentiere

N

Nachspeisen **147–154**
Beeren mit Zitronengras 152
Erdbeeren mit kandiertem Ingwer 150
Gedämpfte Eiercreme
mit Zitrone 154
Melone mit Kokosmilch 148
Orangensalat 151, 157
Nudeln 14–15
Glasnudeln 14
Reisnudeln 15
Nudeln und Reis **131–146**
Ananasreis 132
Garnelenreis 136
Knallfroschreis 140
*Knoblauchnudeln
mit Koriander* 143
Nudeln mit Brokkoli 137
Nudeln mit Hackfleisch und
Austernsauce 144, 157
Rinderbrühe mit Glasnudeln 43
Vegetarische Haifischflossensuppe 54
Vegetarisches Nasi Goreng 135
Vegetarisches Phad Thai 139
Vietnamesische Pho-Suppe 53
Würzige Nudeln in Knoblauch 146
Nüsse, Cashewnüsse in Curry 40, 157

O

Olivenöl 15
Öle 15
Orangensalat 151, 157
Oyster-Sauce 17

P

Pasten siehe Saucen und Pasten
Pfeffer 15–16
Pflanzenöle 12, 15
Pikante Hühnerleber 90
Pikanter Thunfisch 74
Pilze 16
    Gebratene Pilze 37
    Hühnchen mit Champignons 88
Pommes frites, Fünf-Gewürze-Pommes 124, 157

R

Reis 16, 26, siehe Nudeln und Reis
    Ananasreis 132
    Garnelenreis 136
    Knallfroschreis 140
    Reisnudelsuppe nach Thai-Art 47
Reisnudeln 15
Reiswein siehe Shaoxing-Reiswein
Rettich, Mooli
    (chinesischer weißer Rettich) 14
Rinderbrühe mit Glasnudeln 43
Rinderfilet à l'orange 102
Rinderfilet mit Austernsauce 105
Rindfleisch siehe Fleisch

S

Salate
    Auberginensalat 111, 157
    Orangensalat 151, 157
    Spargelsalat nach chinesischer Art 108
Salz-und-Pfeffer-Garnelen 28
Sataysauce 87
Saucen und Pasten 17–18
    Chili-Bohnen-Sauce 17
    Chiliöl/Chili-Dip 12
    Hoisinsauce 17–18
    Ingwersauce 73
    Sataysauce 87
    Sojasauce 17–18
    Thailändische-Currypaste 18
    Zwiebel- Ingwer-Sauce 78
Schalotten 19
Schmorgemüse im Salatblatt 127
Schneidebrett 10
Schneidetechniken 20–21
Schwarze Bohnen 11
Schweinefleisch siehe Fleisch
Schweinefleisch mit Ananas 99
Schweinefleisch mit Cashewnüssen 101
Schweinefleisch mit Gurke 100
Schweinefleisch mit Mais 97
Sesam-Hühnchen 34, 157
Sesamsaat 19
Sesamöl 15
Sesampaste 18
Shaoxing-Reiswein 16–17
Shiitake-Pilze 15
Sojasauce 17–18
    Hühnchen in Sojasauce 31
Spargelsalat nach chinesischer Art 108
Speck siehe Fleisch
Spinat mit Ingwer 122, 157
Sternanis 19
Süßes Ingwerhuhn 77
    Süß-saures Schweinefleisch
    mit Ananas 99
Suppen **41–54**
    Hühnerbrühe mit Zitronengras 42
    Reisnudelsuppe nach Thai-Art 47
    Rinderbrühe mit Glasnudeln 43
    Tomaten-Eierblumen-Suppe mit Tofu 50, 157
    Vegetarische Eierblumensuppe 48
    Vegetarische Haifischflossensuppe 54
    Vietnamesische Pho-Suppe 53, 157
    Würzige Garnelensuppe 44
Szechuanpfeffer 16

T

Thailändische-Currypaste 18
Thailändisches Hühnercurry 85
Thunfisch siehe Fisch und Schalentiere
    Pikanter Thunfisch 74
Tofu 19–20
    Tomaten-Eierblumen-Suppe mit Tofu 50, 157
    Würzig gefüllter Tofu 128

V

Vegetarische Eierblumensuppe 48
Vegetarische Haifischflossensuppe 54
Vegetarisches Nasi Goreng 135
Vegetarisches Phad Thai 139, 157
Vietnamesische Pho-Suppe 53, 157
Vorspeisen **27–40**
    Birma-Garnelen 35
    Cashewnüsse in Curry 40
    Fünf-Gewürze-Hühnerflügel 33
    Gebratene Pilze 36
    Hühnchen in Sojasauce 31
    Knuspriges Curryhuhn 30
    Marinierte Hühnerleber 38
    Salz-und-Pfeffer-Garnelen 28
    Sesamhühnchen 34

W

Woks **8–9**
    Zubehör 9
Würzig gefüllter Tofu 128
Würzige Ente mit Austernsauce 80
Würzige Garnelensuppe 44
Würzige Nudeln in Knoblauch 146

Z

Zesten abschälen 23
Zitronengras 20
    Beeren mit Zitronengras 152
    Hühnerbrühe mit Zitronengras 42
Zubereitungstechniken **21–23**
Zucchini, Curry-Zucchini 119, 157
Zutaten **10–20**
    siehe auch unter den einzelnen Zutaten
Zwiebel-Ingwer-Sauce 78